Success15 fifteen

サクセス15
February 2015
2

http://success.waseda-ac.net/

CONTENTS

熱い授業が、君を伸ばす！

新入塾生受付中

「本気でやる子を育てる。」… 早稲田アカデミーの教育理念は不変です。

本当に「本気」になるなんて長い人生の中でそう何度もあることではありません。受験が終わってから「僕は本気で勉強しなかった」などと言い訳することに何の意味があるのでしょう。どうせやるんだったら、どうせ受験が避けて通れないのだったら思いっきり本気でぶつかって、自分でも信じられないくらいの結果を出して、周りの人と一緒に感動できるような受験をした方が、はるかにすばらしいことだと早稲田アカデミーは考えます。早稲田アカデミーは「本気でやる子」を育て、受験の感動を一緒に体験することにやりがいを持っています！

入塾説明会　最新の受験資料を無料で配付

●入学案内・パンフレットの他にオリジナル教材等も配付致します。
●中高受験の概要についてもお話し致します。これから受験を迎えられるご家庭の保護者の皆様にとっては、まさに情報満載の説明会です。お気軽にご参加ください。

1/24㊏・2/15㊐　10:30〜
※校舎により日時が異なる場合がございます。

入塾テスト　無料

毎週土曜・日曜（祝日）
14:00〜　10:30〜

●小学生／算・国　※新小5・新小6受験コースは理社も実施
●中学生／英・数・国　※新中1は算・国のみ

希望者には個別カウンセリングを実施

新中1〜新中3　無料体験授業　受付中！

早稲アカの授業を体感しよう!!
●どなたでもご参加頂けます。
●詳細は早稲田アカデミー各校舎まで。

入塾された方全員にプレゼント

早稲田アカデミーオリジナルペンケース（ブラックまたはホワイト）&ペンセット

一流中学 高校受験
早稲田アカデミー

お申し込み、お問い合わせは

中1準備講座実施要項

日程	第1ターム…2/10(火)、12(木)、17(火)、19(木)、24(火)、26(木) 第2ターム…3/3(火)、5(木)、10(火)、12(木)、17(火)、19(木)	会場	早稲田アカデミー各校舎
時間	東京・神奈川／ 17:00～18:40 多摩・埼玉・千葉・つくば校／ 17:10～18:50	費用	各ターム：(2科) 9,400円／ (単科) 5,200円

中1準備講座の4月分**授業料**が**割引**に※!!
【対象】2014年12月または2015年1月のSコース／Tコース／Kコースに在籍し、中1準備講座申し込みの際に、4月の基本コースを申し込まれている方。
※英数国の3科目を受講される場合に限ります。

※校舎により授業実施日・時間帯等が異なる場合があります。 ※詳しくは最寄りの早稲田アカデミー各校舎にお問い合わせください。

中1準備講座カリキュラム

英語 英語が必ず好きになる充実した授業

会話表現として学習することが多かった小学校での英語の学習を、高校受験に向けた英語の学習につなげていきます。中学校に入学したときにスタートダッシュができるように、発展学習では一般動詞の学習まで行います。早稲アカ中1準備講座で、英語の学習に差をつけよう！

標準	発展		カリキュラム	内容
第1ターム	第1ターム	1	英語の世界へようこそ	アルファベット／単語の学習
		2	身の回りの単語	単語の学習／冠詞／所有格
		3	英語で文を作ろう	be動詞／thisとthat
		4	英語で質問しよう①	What ～?／or
第2ターム		5	英語で自己紹介	I am ～. ／ You are ～.
		6	英語で友だちを紹介しよう	He is ～. ／ She is ～. ／be動詞のまとめ
	第2ターム	7	様子をあらわす単語	形容詞／数字
		8	英語で質問しよう②	Who ～?／ Whose ～?
		9	英語で数えてみよう	名詞の複数形／How many ～?／someとany
		10	私はりんごを持っています①	一般動詞の否定文・疑問文（1人称・2人称）
		11	私はりんごを持っています②	一般動詞の否定文・疑問文（3人称）
		12	総合演習	be動詞・一般動詞の復習

数学 算数から数学への橋渡し！

中1で最初に習う『正負の数』から『方程式』までを学習します。中でも正負の数・文字式は、中1の1学期の中間・期末テストの試験範囲でもあります。算数嫌いだった人も数学がきっと好きになります。
中学受験をした人は発展カリキュラムで中1の内容を先取りします。

標準	発展		カリキュラム	内容
第1ターム	第1ターム	1	正負の数①	正負の数の表し方・数の大小・絶対値
		2	正負の数②	加法と減法、加減が混じった計算
		3	正負の数③	乗法と除法、乗除が混じった計算、累乗と指数
		4	正負の数④	四則混合計算、正負の数の利用
第2ターム		5	文字と式①	積と商の表し方、四則混合の表し方
		6	文字と式②	数量の表し方、式の値
		7	文字と式③	1次式の計算
		8	文字と式④	文字式の利用
	第2ターム	9	方程式①	等式の性質、方程式の解き方
		10	方程式②	かっこを含む計算、小数・分数を含む計算、比例式
		11	方程式③	文章題（数・代金・個数など）
		12	方程式④	文章題（速さ・割合・食塩水など）

中1コース開講までの流れ

冬休み …… 1月 …… 2月 …… 3月 …… 4月 ……

小6総まとめ講座（小学校内容のまとめ講座実施） → 中1準備講座 → 新中1学力診断テスト 保護者対象ガイダンス → 中1コース開講

先を見据えた習熟度別クラス

レベル別のカリキュラムだからしっかり先取りできる！

早稲田アカデミーの中1準備講座は習熟度別のクラス編成になっています。だから、自分のペースにあった環境でしっかりと理解し、先取り学習をすることができます。さらに、その先の難関高校合格や難関大学合格につながる学習環境を用意しています。中1準備講座で最高のスタートを切ろう！

英語	標準	英語の勉強が初めての方。塾に通うのが初めての方。
	発展	Kコースなどで英語の学習経験がある方。
数学	標準	数学の勉強が初めての方。塾に通うのが初めての方。Kコース生の方。
	発展	中学受験をされた方など。

中1 新しい環境でスタートダッシュ。「本気でやる」習慣をつけます。

一人ひとりに講師の目が行き届く人数で授業を行うのが早稲田アカデミーです。中1ではまず学習習慣を身につけることが大切。一人ひとりに適切な指導をし、「本気でやる」姿勢を植えつけます。難関校受験へ向けて確かな学力を養成していきます。

Sコース	選抜クラス 英数国3科	英語 数学 国語	火曜・木曜・土曜 東京・神奈川 19:00～20:20 千葉 19:10～20:30 多摩・埼玉・茨城 19:15～20:35	授業料 18,300円
Rコース	レギュラークラス 英数国3科	英語 数学 国語		授業料 18,300円
理社コース	選抜クラス レギュラークラス	理科 社会	木曜・土曜 東京・神奈川 20:25～21:10 千葉 20:35～21:20 多摩・埼玉・茨城 20:40～21:25	授業料 7,200円

※一部の校舎では時間帯等が異なります。
※Sコース、理社選抜クラスの設置は校舎により異なります。詳しくはお問い合せください。
※難関中高受験専門塾ExiVでは上記と実施日・時間帯等が異なります。

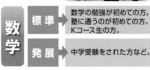

東大手帖 ～東大生の楽しい毎日～

現役東大生が東大での日々と受験に役立つ勉強のコツをお伝えします。

東大生は「すごい人」ばかりなのか？

Vol.11

text by 一（イチ）

新しい年が始まりました。受験・進級などを経て、3年生は新しい環境へ。2年生はついに受験生として頑張る年ですね。1年生は後輩ができ、部活動などで指導する役割になることも多いでしょう。みなさん、新たな年への期待や不安が混ざりあっていませんか？ぼくにとっても、大学を卒業し、社会人として働き始めるという、大きな変化がある年です。そこで今回は、東大で4年間過ごした身として、普段あまり気にかけない、「東大生のあり方」について考えてみました。

アルバイト先、就職活動の説明会、旅行先…。大学名を述べると、どんなところでも「すごいですね！」と言われます。4年間で少なくとも100人以上に「すごい」と言われてきたと思います。確かに、大学受験の偏差値表を見ると、東大は一番上にあります。テレビでもよく「天才東大生クイズバトル！」などという番組を見かけます。しかし、はたして東大生は「すごい人」ばかりなのでしょうか。ぼくはそうは思いません。

以前、仕事で必要な自動車運転免許証を取るため、自動車学校の合宿に参加したとき、普段の生活では出会わないような人にたくさん出会いました。元自衛官、旅館で板前修業をしながら更生中の元不良、引っ越し会社に勤めて25年というおじさん、歓楽街の飲食店で昼夜逆転の毎日を過ごすお兄さんなどなど…。大学名を答えるとみなさん「すごいですね！」と驚くのですが、彼らの仕事での武勇伝や破天荒な人間関係、独特の人生観などを聞いていると、ぼくの方こそ「すごい！」と感心していました。

正直言うと、東大生のなかに天才がいることは事実です。しかし、ぼくを含めてほとんどの学生は、一般の学生と変わりません。新聞部の活動で、他大学から東大に転学した5人に「東大のイメージ」について話を聞いたときも、「思っていたより真面目じゃない」「意外とオシャレな人が多い」「勉強が好きな人は確かに多いかも」などの意見があがりました。自動車学校で知りあったおじさんも、ぼくと何度か話すうちに「東大生だけど意外と普通だね」と言ってくれました。

では、なぜ多くの人は東大生のことを「すごい」と言うのでしょうか。ぼくが思うに「東京大学」という組織自体が立派だからです。東大は2014年世界大学ランキング（イギリス『THE』誌）のアジア1位、研究に使えるお金や図書館の蔵書数も、国内1位です。しかし、日本が経済大国だからといって日本人が全員優れているわけではないように、すごい組織とそれに属する個人はまったくの別物です。「すごい組織にいるから、自分もすごいんだ」と勘違いすると、組織を離れたあと、その人にはなにも残らないでしょうし、「微妙な組織にいるから自分の価値は乏しいんだ」とネガティブになるのも間違っていると思います。

例えば、イチローは、所属するマリナーズの強さに関係なく、個人ですばらしい成績を残しましたよね。ぼくが自動車学校で出会ったおじさんの会社も有名ではありませんでしたが、仕事への熱意などはすばらしいものでした。

みなさんにも、どの高校に進学するかなど、人生の選択肢が色々あると思いますが、1つ伝えたいのは、「偏差値が高いから○○高校が1番いいはずだ」と、組織の「すごさ」だけで自分の道を決めるのはよくないのでは？　ということ。「東大生はすごいの？」という話から少し脱線してしまいましたが、そのことを心に留めておいてくれると嬉しいです。

受験生必見！

入試直前ガイダンス

受験生のみなさん、ついに入試本番が近づいてきましたね。本番に向けてすべての準備を整えていくこの時期、みなさんにぜひ読んでもらいたい情報の数々をまとめました。

□ 入試当日までの過ごし方

- □ 生活習慣見直しチェック
- □ お悩み解決アドバイス

□ 入試当日の過ごし方

- □ 持ちものリスト
- □ 入試当日の流れをおさらい

□ 直前期の勉強法

- □ まだ間に合う！
教科別直前期の勉強法

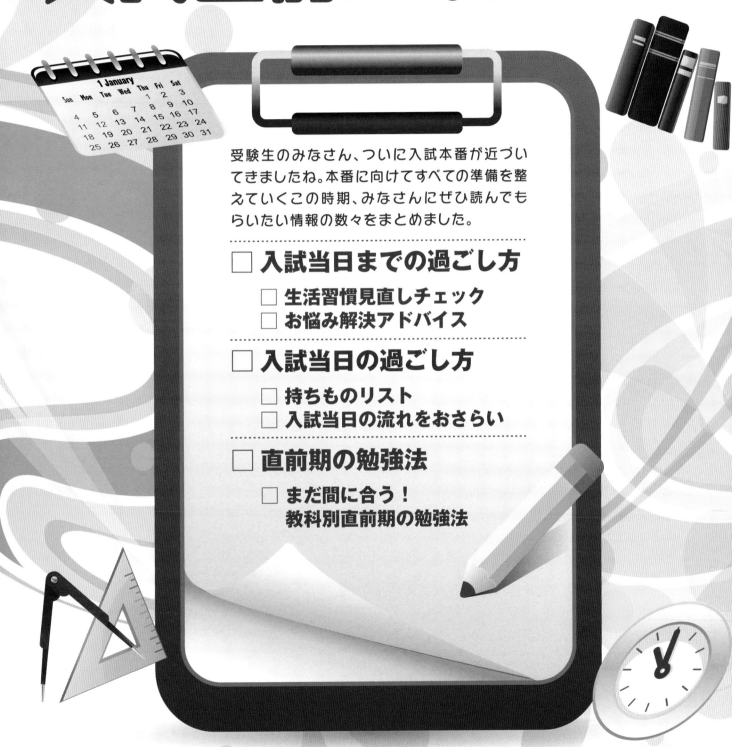

入試当日までの過ごし方

入試本番を万全な状態で迎えるためには身体と心の両方のケアが必要です。生活習慣を見直し、不安な気持ちを解消することで、ベストコンディションで試験に臨みましょう。

生活習慣
見直し
チェック!!

CHECK

- ☑ 朝型の生活に変えた？
- ☑ 食生活気にしてる？
- ☑ 病気予防は万全？

睡眠を十分にとって規則正しい生活を送る

入試本番を万全の状態で迎えるためには、体調管理が欠かせません。入試直前になると、少しでも長く勉強したいと思い、夜遅くまで机に向かう人も多いでしょう。しかし、寝不足が体調不良を引き起こしてしまうかもしれません。頭と身体を十分に休めるためにも、睡眠をきちんととり、規則正しい生活を送りましょう。

夜更かしが習慣になって、夜型の生活を送っている人は、いまからでもいいので、朝型に切り替えておきましょう。

人間の脳は、しっかりと働き出すまでに、起きてから2～3時間かかります。つまり、入試で1時限目から実力を発揮するためには、最低でも試験開始の2～3時間前には起きておく必要があるということです。そのことを頭に入れて、就寝時間と起床時間を決めてください。

3食バランスよく食事にも気を配る

睡眠時間とともに重要なのが食生活です。

受験生だからといって特別なものを食べる必要はなく、毎日3食、バランスのとれた食事をとることが大切です。勉強時間を増やすために、サプリメントや栄養食品などで簡単に食事をすませることのないようにしましょう。

また、試験前日に脂っこいものを食べてしまうと、当日胃もたれを起こしてしまうかもしれません。食べる場合は、量を少なめにするなどの配慮が必要です。

うがい・手洗いを習慣に暖かい服装を心がける

受験シーズンは、風邪やインフルエンザ、ノロウイルスなどが流行する季節です。病気にかからないように健康管理にも気を配りましょう。

外出時には、予防のためにマスクをつけ、マフラーや手袋などをして暖かい服装を心がけましょう。そして、外から帰ってきたら、手洗い・うがいを必ずするようにしてください。手を洗うときは、石けんを使って指の間までしっかりと洗います。

また、部屋の空気が乾燥しすぎないように、加湿器などを使うのもおすすめです。最後まで気を抜かずに、万全の体調で入試を迎えましょう。

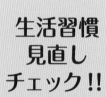

お悩み解決アドバイス

こんな不安抱えていませんか？

TROUBLE

1 集中力が途切れてしまう

2 モチベーションが保てない

3 不安に押しつぶされそう

1の解決法は… 小さなごほうびでメリハリをつける

受験まであと少しのこの時期は、多くの時間を勉強にあてなければなりません。しかし、どうしても集中力が続かない場合もあるでしょう。たとえ勉強が好きな人でも、受験勉強となるとストレスが溜まるものです。そんなときは、気分転換をしてみるのもいいと思います。いままで受験勉強を頑張ってきた自分に、少しだけごほうびをあげましょう。

ただし、家のなかには誘惑が多くありますので、気分転換は必ず時間を決めて行います。また、漫画やテレビ、インターネットなどはあっという間に時間が過ぎてしまうのでおすすめできません。軽い運動をしたり、好きな音楽を聞いたりするといいでしょう。

気分転換が終わったら、気持ちを切り替えて、また集中して勉強に取り組みます。生活にメリハリをつけることで、学習効果も高まるはずです。

2の解決法は… 志望校での楽しい高校生活を想像する

受験勉強に対する意欲が下がってしまったときは、志望校に合格して高校生活を送っている自分をイメージしてみましょう。

憧れの部で楽しく活動していたり、文化祭の劇で主役を演じていたり、修学旅行で海外に行っているかもしれません。想像すると、ワクワクして明るい気持ちになりませんか。

そのイメージを現実にするための受験勉強だと思えば、モチベーションもあがってくるはずです。

またほかにも、友人と同じ学校に行きたいと思っている人は、塾の自習室などに行って、友人の勉強している姿を見ることで、頑張ろうという気持ちになるかもしれません。

自分のモチベーションをあげる方法を見つけて、最後までやる気を持続させましょう。

3の解決法は… 不安な気持ちを書き出してみる

試験が直前に迫ると、だれでも緊張感が高まり、不安が募るものです。「全然わからなかったらどうしよう」「もっと勉強しておけばよかった」など、ネガティブなことばかり考えてしまったときにおすすめの方法があります。

もちろん、「あんなに勉強したんだから絶対に受かる！」と自分を鼓舞することも必要です。しかし、それでも、どうしても不安が取り除けないときもあると思います。そんなときは、自分の感じている不安を素直にそのまま紙に書き出してみてください。

一見逆効果のようにも感じますが、アメリカの大学の実験では、自分の気持ちを紙に書くことで不安が解消され、成績が向上するということが証明されています。

不安にかられて、緊張して本番で実力が出せないという人は、ぜひ一度試してみてください。

入試当日の過ごし方

試験当日の流れを再確認しておきましょう。当日起こりがちなトラブルの対処法も確認しておけば、万が一のときも安心です。持ちものリストを活用して、持ちものチェックも忘れずに。

持ちものリスト　当日の持ちもの

必要な持ちものは募集要項を見て事前に確認してください。忘れものをしないためにも、前日にしっかり用意して入試に臨みましょう。

- **受験票**　折れないように、ファイルやクリアホルダーに入れて管理します。複数校受験する場合は、間違えて別の学校のものを持っていくことのないように気をつけてください。
- **筆記用具**　普段使っているもので大丈夫。ただし、えんぴつの芯がきちんと削れているか、シャープペンシルの芯は予備があるかなど、使いやすい状態かどうか確認しましょう。コンパス・定規が必要な場合は募集要項に記載があります。
- **昼食**　お弁当の場合は、消化にいいおかずを用意してもらいましょう。
- **交通機関のICカード**　電車やバスに乗るならパスモやスイカがあると便利。残高を確認し、足りない場合はチャージしておきます。
- **小銭**　いざというときのために少し現金も持っておきましょう。
- **その他**　ティッシュ、ハンカチなどの身だしなみ用品や、休み時間に確認できる参考書なども持っていくといいでしょう。

当日の過ごし方

出発
○○駅
時間に余裕をもって行動しましょう
1
自分の席を探しましょう。
到着
2

1 出発

起床はなるべく早めに。8ページでも説明したように、試験開始時刻の2～3時間前には起きるようにしてください。人間の脳が働き出すと言われている時間に合わせて早起きできれば、入試開始時にベストな状態にできるのです。また、早起きをすると、余裕をもって行動できるので気持ちにもゆとりが生まれます。

緊張していても朝食は抜かないこと。普段と同じように食べましょう。出発も少し早めに。電車やバスが遅れたり、道に迷った場合にも時間に余裕があれば慌てません。

トラブル!! 電車やバスが遅れた！

電車やバスなど公共交通機関が遅れて遅刻しそうな場合は、慌てず、受験校に電話で連絡します。間に合わない受験生はあなた以外にもいると思われますので、学校は必ず対応してくれます。そして、駅の改札口で「遅延証明書」を受け取ってください。バスの場合は、運転士さんに尋ねてみましょう。

2 到着

学校に到着したら、自分の受験番号を見て、自分の席を探しましょう。座るときは机の上にある受験番号と自分の受験番号をよく確認して、間違った席に座らないように気をつけます。

席に荷物を置いたら、早めにトイレに行っておきましょう。試験直前は混みあう場合もあるからです。当日はすべてにおいて早め早めに行動することがポイントです。

試験
落ち着いて
試験に
取り組み
ましょう
3

トラブル!!

受験票を忘れた!

もし受験票や筆記用具を忘れてしまったら、試験は受けられないのでしょうか。答えは「いいえ」です。受験ができなくなるということはありませんので、速やかに試験官や担当者に申し出てください。なんらかの対応をとってくれるはずです。とはいえ、こんな忘れものは本来ならあってはならないこと。前日の準備をしっかりしましょう。

3 試 験

さあ、いよいよ試験開始です! これまで培ってきた自分の実力を信じて頑張りましょう。

トラブル!!

出題傾向が変わった!

休み時間
TOILET
トイレは混雑する場合が多いので
早めに済ませましょう
4

過去問対策が万全でも、その年から出題傾向がガラッと変わってしまうこともあります。これまでにない出題形式を見て焦るかもしれませんが、動揺する気持ちはほかの受験生も同じです。落ち着いて試験に取り組みましょう。

4 休み時間

意外と重要なのが、休み時間の過ごし方。いま終わった科目のことは考えずに次の科目へ気持ちを切り替えるようにします。もし同じ試験を受けている友人がいる場合、ついつい話したくなりますが、それで気持ちが緩んでしまうと大変です。おしゃべりは軽く励ましあう程度で止め、自席で静かに過ごすようにします。また、休み時間もトイレが混雑する場合が多いので、行きたいときは早めに済ませるといいでしょう。

面接
落ち着いて自分の言葉で
話しましょう。
5

5 面 接

面接がある場合は、試験官の指示に従って行動します。控え室での態度にも注意し、静かに落ち着いて自分の順番を待ちましょう。

入室する際、ドアが閉まっている場合は軽くノックをしてから入ります。入室したら、一礼してイスの左側まで進みます。イスには座るように指示を受けてから座りましょう。背もたれに背中がつかない程度に腰かけ、アゴを引いて背筋を伸ばし、手はヒザの上に置けば完璧です。

面接は緊張するかもしれませんが、焦らずに、面接官の質問をしっかりと聞いて、落ち着いて自分の言葉で話すことが大切です。丁寧な敬語で、明るく、ハキハキと話すように心がけましょう。

帰宅
疲れを取り除くことを
優先させましょう。
6

質問内容は各校により異なりますが、多くの場合「志望理由」を聞かれます。自分がどんな内容を願書に書いたのか、事前に確認しておくといいでしょう。

面接が終了したら、再びイスの左側に立って一礼し、ドアの前でもう一度礼をしてから静かに部屋を出ます。最初からドアが開いている場合は閉める必要はありません。

6 帰 宅

入試が終わりました。緊張した1日を過ごしたということもあり、自分が思うよりも心身ともに疲れているはずです。寄り道せずにまっすぐ帰宅し、まずはゆっくりと休みましょう。翌日以降も試験が続く場合には、疲れを取り除くことを優先させ、終わった試験の見直しや勉強は最小限にしましょう。

直前期の勉強法

入試が近づいてきたとはいえ、まだまだ学力は伸びる可能性があります。この時期に、いったいどんな勉強が効果的なのか、教科別にみていきましょう。

国語

知識問題は確実に時間配分にも注意

国語は短期間で成績が伸びる教科ではありません。

しかし、これまで積み重ねてきたことは必ず力になっています。国語に対してまだ苦手意識を持っている人も、「苦手だ」と必要以上に思い込まず、その努力を信じて問題演習は最後まで諦めずに続けましょう。

ただ、国語のなかでも比較的点数に結びつきやすいものがあります。それは漢字や知識問題です。

配点や出題方法、問題数は学校ごとに異なりますが、こうした問題は知っていれば得点になるという点で、非常に重要です。

そのためにも、志望校の入試問題の傾向を知っておくことが大切になってきます。これまで過去問演習を重ねてきていれば、志望校の出題のパターンがわかっているはずですから、書き損じて減点するといったケアレスミスがないようにしましょう。

国語において避けて通れないのが読解問題です。残りの時間で演習をする場合、正解への過程を確認することに重きをおきましょう。正解、不正解にかかわらず、正答へのプロセスを、解説を読んだり塾や学校の先生に聞いたりして理解することで、問題の解き方がわかってきます。

また、入試本番では文章題を解くときの時間配分にも注意しましょう。問題文をすべて読んでから設問を見て、さらに確認のために問題文を読む、という解き方では時間を大きく使ってしまいます。先に設問に目を通してから問題文を読み始め、設問に関係しそうな部分が出てきたら確認していくようにしましょう。

数学

過去問で本番の判断力を養う

入試本番まで時間が限られてきたこの時期。だからこそ、あれもこれもと焦って新しい問題集などに手を出すよりも、これまでやってきた問題集や過去問に引き続き取り組み続けるようにしましょう。

とくに過去問演習をする際に気をつけたいのが時間配分です。もちろん、これまでにも時間を計りながら問題を解いてきているとは思いますが、この時期の演習ではさらに実際の入試を見据え、状況判断力を養いましょう。

1つ目は、1つの問題にかかりきりになり、時間がなくなるということがないように、ときにはその問題を思いきって「捨てる」ことも選択肢に入れるということです。そのぶんの時間をほかに回して「取れるところで確実に取る」ことを意識してください。

2つ目は、試験開始後すぐに大問1から解き始めず、全体をざっと見渡し、できそうな問題から手をつけるようにすることです。そうすることで時間をロスすることなく点数を重ねていけるでしょう。

3つ目は、試験の残り時間が10分を切った段階で、まだ解いていない問題に取りかかるのか、これまで解答した部分を見直すのかを考えるということです。

解けそうな問題であれば取りかかればいいでしょうし、難しい、あるいはできるかどうかわからない問題であれば、少しでもミスを減らすために見直しをするのがいいでしょう。

こうした判断を残りの期間の過去問演習で重ねていきましょう。

英語

長文中の知らない英単語にも焦らない

まずは、これまでの学習ペースを崩すことなく、点数アップに直接結びつく英単語の暗記を続けていきましょう。

文法に関しても、これから各単元について詳しく勉強してもなかなか身につくものではないので、それよりも単元ごとの復習をし、代表的な表現をしっかり覚えられているかどうかを確認していく方がいいでしょう。

あとは国語や数学と同様、過去問演習を繰り返していくことで、これまで勉強してきたことが本当に自分のものになっているか、それともまだあいまいな部分があるのかが浮き彫りになってきます。そうしたことを添削のなかで確認していきましょう。

また、リスニングや英作文の有無など、学校ごとにさまざまな出題形式があるので、過去問を解くことがそのまま志望校への対策につながります。

さらに、英語の長文問題への対応も、入試本番までの残り時間で過去問演習をしながら考えていくといいでしょう。

注意したいのが時間配分です。一問にどれぐらい時間を使うべきかは実際に問題を解くことでしか実感できません。

加えて、長文問題を解いていれば、知らない英単語が出てくることもあるでしょう。そうした単語をすべて知っている必要はなく、前後の言葉で判断したり、全体を見て文章の大意をつかんだりといったことができるようにしておけば、本番でも慌てなくて済むはずです。

社会・理科

これまで勉強したことを再確認する

社会・理科ともに、入学試験まで1週間という直前期でも、まだやるべきことはあります。だれでも焦る気持ちがでてきてしまう時期ですが、これまで勉強してきたことの総まとめをしていきましょう。

この時期の社会・理科は、ことさら新しい事項を学習したり、覚えようとするのではなく、これまで勉強してきたことを再確認するという姿勢で臨むことが大切です。学習教材としては、総まとめ的な参考書や塾で使用したテキストなどがいいでしょう。

あまり時間をかけずに、さっと見直していくことが基本です。直前1週間の時点で触れた内容は、記憶にも残り、試験場で大きな力となります。落ち着いて既習事項の再確認に努めましょう。

そして、これまで受験した模擬試験などの見直しも社会や理科においては大きな威力を発揮します。とくに、間違ってしまって失点した部分を中心に復習してみるようにしましょう。

誤った原因を確認し、勘違いしていたり忘れていたような部分をしっかりと復習しておくことは、入学試験において思わぬ失点を防止することにつながります。

社会であるなら、地理・歴史・公民の各分野について、ポイントと思える部分を大まかに見直すことを中心にしていきましょう。

また、理科では、基本的な公式や代表的な実験・観察などの部分に焦点を絞って復習するようにしましょう。

社会も理科も、この直前1週間という短い期間であっても、集中力をもって学習することで意外に多くの内容を総復習することが可能です。「焦らず、慌てず、諦めず」をモットーに淡々と最後の総仕上げをしていくようにしましょう。

● ● ●

各教科とも、最後の最後まで決して諦めることなく、やれることをやって入試本番を迎えてください。

～ゆく年くる年～

2014年 こんなことがありました

2015年のことも少しだけ

**2014年も色々なことがありました。
旧年中の出来事を振り返りながら、
2015年にはどんなことがあるのかも知っておきましょう。**

1月

2~3日 箱根駅伝　記念すべき第90回。

お正月の風物詩の１つ「箱根駅伝」が（東京箱根間往復大学駅伝競走）90回の節目を迎えました。家族そろって観た人も多かったのでは。総合優勝は、往路・復路ともに優勝の東洋大でした。

16日 第150回直木賞に朝井まかての『恋歌《れんか》』と姫野カオルコの『昭和の犬』を選出。第150回芥川賞に小山田浩子の『穴』を選出。

24日 一般財団法人東京オリンピック・パラリンピック競技大会組織委員会設立。

2020年の東京オリンピック・パラリンピックの競技大会組織委員会が設立され、委員長に森喜朗元首相が就任しました。

29日 理化学研究所の小保方晴子氏らがSTAP細胞（刺激惹起性多能性獲得細胞）の作製に成功と発表。

画期的な発見として世間から大いに注目されましたが、論文の発表直後からさまざまな疑問が投げかけられ、７月には『ネイチャー』に投稿されていた論文２本が撤回されました。結局、STAP細胞の存在は科学的に証明されていません。

2月

7~23日 第22回冬季オリンピックがソチ（ロシア）で開催。

日本選手団は、金１、銀４、銅３と８つのメダルを獲得。メダリストは、羽生結弦、葛西紀明、渡部暁斗、平野歩夢、竹内智香、小野塚彩那、男子ラージヒル団体、平岡卓（敬称略、順不同）。

8~9日 関東甲信地方が記録的な大雪に見舞われる。東京都心も45年ぶりとなる27cmもの積雪。

14～15日にも大雪が降り、これも記録的な降雪量となりました。山梨県甲府市では100cmを超える積雪が。

9日 舛添要一氏が東京都知事に。

16日 第64回ベルリン国際映画祭のコンペティション部門に出品されていた『小さいおうち』で、出演の黒木華さんが銀熊賞受賞。23歳での受賞は日本人最年少。

3月

7日 大阪で日本一高いビル「あべのハルカス」がグランドオープン。

9日 宇宙飛行士の若田光一さんが日本人としては初の国際宇宙ステーション（ISS）船長に就任。

4月

1日 消費税が５%から８%へ。

2015年10月にはさらに10%へ引き上げられる予定でしたが、2014年11月に安倍晋三首相が再増税先送りを表明。2017年４月１日に引き上げられる見通しです。

23~25日 アメリカのオバマ大統領が2010年以来３回目の来日。

5月

23日 新たな日本の祝日として「山の日」（８月11日）が制定される。施行されるのは2016年から。

31日 国立霞ヶ丘陸上競技場（東京都新宿区）が56年の歴史に幕を閉じた。全面的に建て直され、2019年に竣工予定。

6月

2日　プロゴルファーの松山英樹選手が米ツアーで初優勝。男子プロゴルフでは日本人史上４人目で、22歳での優勝は最年少。

3日　JR東日本が山手線と京浜東北線の品川駅－田町駅間で新駅の建設を発表。

3日　全国の256地点で真夏日となり、北海道音更町では、道内史上最高気温37.8度を観測。

12日　国際自然保護連合（IUCN）がニホンウナギについて、「絶滅危惧種」としてレッドリストに掲載。

> 2014年９月号の「サクニュー!!」（57ページ）でも取り上げています。

13日～7月14日　2014FIFAワールドカップ・ブラジル大会。日本代表はグループリーグで敗退した。優勝はドイツ。

21日　群馬県にある「富岡製糸場と絹産業遺産群」が世界遺産に登録される。これで国内の世界遺産は18件に。

> さらに約半年後の12月10日づけで、富岡製糸場のうち繰糸場、東繭倉庫（東置繭所）、西繭倉庫（西置繭所）の３棟が国宝に指定されました。

7月

1日　集団的自衛権の行使を認める憲法解釈の変更を安倍晋三内閣が閣議決定。

17日　第151回直木賞に黒川博行の『破門』、第151回芥川賞に柴崎友香の『春の庭』がそれぞれ選ばれた。

★　さまざまな国際オリンピック（化学、生物学、情報、物理、数学）で日本代表が全員メダル獲得。

8月

8日　2014年６月ごろから、シエラレオネ、リベリア、ギニアなどの西アフリカ諸国で急拡大していたエボラ出血熱の感染をうけ、世界保健機構（WHO）は「国際的に懸念される公衆衛生上の緊急事態」を宣言。

9日　日本でも根強い人気を誇る「ムーミン」シリーズの作者トーベ・ヤンソン生誕100周年。

> 日本で初めてアニメが放送されたのは1969年（昭和44年）のこと。以来、現在にいたるまで、幅広い年齢層から人気を集めています。

13日　「数学のノーベル賞」とも言われるフィールズ賞に、初の女性受賞者となるイラン出身のマリアム・ミルザハニ（アメリカ・スタンフォード大学教授）が選ばれる。

25日～9月9日　テニスの全米オープンで、日本の錦織圭選手が準優勝を果たす。

> 惜しくも優勝はなりませんでしたが、アジアの選手として初の決勝戦進出という快挙でした。

28日　約70年ぶりにデング熱の国内感染が確認された。

28日　スタジオジブリの宮崎駿監督、アカデミー賞名誉賞に輝く。日本人監督が受賞したのは、1990年（平成２年）に故・黒沢明監督が受賞して以来２人目。

9月

3日　第２次安倍改造内閣が発足。

18日　スコットランドでイギリスからの独立を問う住民投票が実施され、結果は「否決」に終わった。

> イギリスは正式名称を「グレートブリテン及び北アイルランド連合王国」といい、イングランド、スコットランド、ウェールズ、北アイルランドの４つの地域からなる連合王国です。

19日～10月4日　第17回アジア競技大会（韓国・仁川）が開かれる。日本の獲得メダル数は金47、銀76、銅77。

27日　長野県にある御嶽山（おんたけさん）が７年ぶりに噴火。50人以上が死亡し、1991年（平成３年）に発生した雲仙普賢岳（長崎）の火砕流による犠牲者数を上回る。

10月

1日 東海道新幹線開業50周年。
7日 ノーベル物理学賞が発表され、赤﨑勇、天野浩、中村修二（現在はアメリカ国籍）の３人が受賞。
8日 日本全国で皆既月食が見られ、先島諸島以外は部分食の初めから鑑賞可能だった。東京では午後７時24分から１時間ほど皆既食が継続。
10日 東京オリンピック開催から50年。

授賞式はスウェーデンのストックホルムで12月10日（現地時間）に行われました。

11月

18日 安倍首相が消費税の10%への増税を１年半（2017年４月）先送りすることを表明。同時に11月21日に衆議院解散、12月14日に総選挙を行うことも発表した。
27日 国際連合教育科学文化機関（ユネスコ）の無形文化遺産に、「和紙：日本の手《て》漉《すき》和紙技術」が登録された。

12月

3日 小惑星探査機「はやぶさ２」が、種子島宇宙センターから無事打ち上げられた。
14日 第47回衆議院議員総選挙。
20日 東京駅開業100周年。

政権与党の自民党が291議席（公示前から４議席減）、公明党が35議席（４議席増）の計326議席（全480議席）を獲得しました。

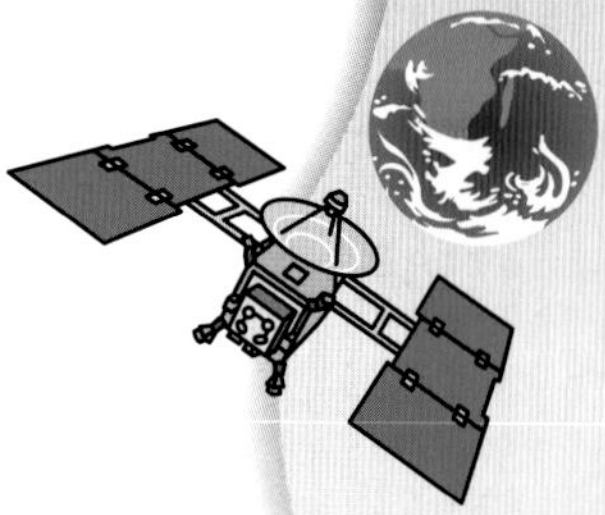

2015年はこんな年

1月
・**17日** 阪神・淡路大震災から20年

3月
・「淡路花博2015花みどりフェア」開催
・北陸新幹線の長野駅～金沢駅間が開業予定

4月
・**4日** 日本全国で見やすい皆既日食が起こる
・統一地方選挙

5月
・**5日** 普通選挙法施行から90年

6月
・宇宙航空研究開発機構（JAXA）の油井亀美也宇宙飛行士が、ISSでの長期滞在のためソユーズ宇宙船で出発予定

9月
・**5日** 日露戦争で結ばれたポーツマス条約から110年
・ラグビーのワールドカップがイギリスで開催される

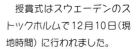

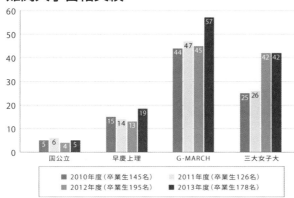

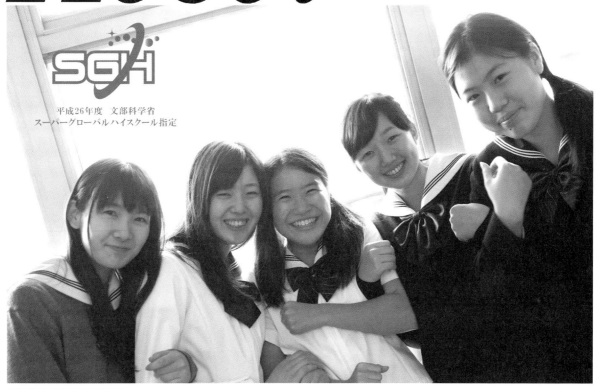

SCHOOL EXPRESS

昭和学院秀英高等学校

SHOWA GAKUIN SHUEI HIGH SCHOOL

千葉県 千葉市 共学校

3つの柱を大切にした教育で 高い学力と豊かな人間性を育む

進学校でありながらも、学力別のクラス編成や習熟度別授業を行わず、全クラスで「質の高い授業」を展開している昭和学院秀英高等学校。毎日の授業はもちろん、充実の補習・講習制度や、きめ細やかな進路指導など、さまざまな場面で質の高い教育が行われている点が魅力です。

山崎《やまざき》 一男《かずお》 校長先生

恵まれた環境のなかで生徒の可能性を伸ばす

1940年（昭和15年）、千葉県市川市に創立された昭和学院は、幼稚園から短期大学まで運営する総合機関として発展を続けてきました。

そのなかで、さらなる社会への貢献をめざして、1983年（昭和58年）に千葉市に設立されたのが、昭和学院秀英高等学校（以下、昭和秀英）です。学校が位置するのは、千葉市の文教地区として栄える、学習環境として最適な地、幕張新都心です。高校に続き、1985年（昭和60年）には昭和学院秀英中学校が併設されています。

そんな昭和秀英の建学の精神は、校訓でもある「明朗謙虚・勤勉向上」です。これをふまえて、スローガンに「21世紀をリードする人間づくり」を掲げ、「豊かな心の育成」、「質の高い授業」、「きめ細やかな進路指導」という3つの柱を大切にしながら、1人ひとりの可能性を最大限に伸ばす教育が実践されています。

「スローガンを実現するためには、学力を高めることはもちろん、人間的にも成長することが必要です。本校の教員は、その両方を伸ばすように努力していますので、生徒にも努力をしてほしいと話しています。努力は、自分の将来のためにするものです。周りの意見を謙虚に受け入れながら、自分がいま、なにをやらなければいけないかを正しく判断して、行動に移せる人間になってほしいものです。」（山崎一男校長先生）

中入生と高入生が切磋琢磨しあう関係

中高一貫校としての側面も持つ昭和秀英では、高入生と中入生は学習進度が異なるため、高2までは異なるクラスで学んでいます。

別々のクラスでは、あまりかかわりがないように思われがちですが、中入生は、高校受験を経験した高入生の優秀な成績を見て、「高入生に負けてはいられない」と、やる気に火がつき、一方で高入生は、中高一貫教育で学んできた中入生の学習量を知り、「中入生はこんなに勉強しているのか」と自身の勉強量を見直したりと、「高入生と中入生、どちらにとっても、互いの存在がいい意味での刺激となっています」と山崎校長先生。

切磋琢磨しあう関係は、横のつながりだけではありません。行事はすべて中高合同、部活動も中高がともに活動する部もあり、縦のつながりも大切にされています。こうして、行事や部活動を通して、クラスや学年の枠にとらわれない、多様な人とかかわることが、「豊かな心の育成」につながっています。

カリキュラムは、高1では5教科をバランスよく学び、高2から文系・理系に分かれていきますが、文系でも理科を、理系でも社会を学ぶため、幅広い教養が身につきます。高3では、選択科目が増え、それまで別クラスで学習していた中入生も交えて、より希望進路に対応できるクラス編成がなされます。

また、これまでは週6日制で、月曜日から金曜日は6限、土曜日は4限授業を行ってきましたが、来年度（平成27年度）からは、高2で週に1日、7限授業の日を設けます。将来的に、他学年でも7限授業の導入が検討されており、さらなる教育の充実が期待されます。

すべてのクラスが特進クラスという認識

昭和秀英は、難関大への合格実績を着実に伸ばしながらも、特進クラスの編成や、習熟度別授業を実施していません。なぜなら、生徒全員に「質の高い授業」を提供するために、1人ひとりにエネルギーをかけた授業を展開し、さらに、授業内容も高いレベルに設定することで、すべてのクラスを「特進クラス」として位置づけているからです。

施設

蔵書5万冊の図書館、太陽熱を利用したプール、全面人工芝のグラウンド、4つの理科実験室をはじめとする、充実した施設も魅力的です。

図書館

グラウンド

プール

生物実験室

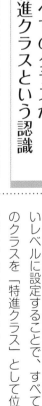

部・同好会活動

サッカー部

ラクロス同好会

新体操部

中高いっしょに活動するサッカー部、珍しい新体操部やラクロス同好会など、多様な部・同好会が活動しています。

雄飛祭

（文化祭）

自分たちで楽しむだけではなく、来場者にも楽しんでもらおうと、毎年さまざまな工夫が凝らされています。

体育祭

中高合同で、赤・白の２チームに分かれて競技を行います。体育祭で活躍する上級生の姿に、下級生が憧れを抱くことも多いといいます。

「ただ、学力の差が出てきてしまう場合は、補習や講習を充実させ、対応しています。そうすることで、すべての生徒の学力を、難関大に合格できるところまで引きあげる制度を整えています」と山崎校長先生が話されるように、個人の力が目標レベルに届かない生徒には指名制の補習で、個人差に応じた学習は希望制の講習で、それぞれ対応していきます。

希望制の講習は、新年度や新学期の始まりに、内容や担当者をいっせいに発表するシステムで、基礎から応用までバラエティに富んだ講習が、水曜日を除いたすべての曜日で用意されています。熱意あふれる教員がそろう昭和秀英では、「会議よりも講習を優先する」ことが徹底されているため、あらかじめ職員全体会議を行う水曜日には講習が組み込まれていません。万が一、その他の曜日に、担当する講習と会議が重なってしまった場合には、必ず講習を優先しています。

また、朝の時間を有効活用して、自主的に補習を開く教員もいることからも、教員たちの学習指導に対する情熱が感じられます。

学習習慣を身につけるために、学校全体で自主学習を奨励しているのも特徴です。平日3時間、休日6時間以上を家庭学習の目標時間に設定し、目標達成のために図書館を8時まで開放するなど、学校内で自主学習できる環境を用意しています。

「本来、完全下校時刻は6時ですが、図書館利用者に限り下校時刻の延長を認める制度があり、毎日、机が埋まるほど多くの生徒が残って勉強しています。受験は団体戦だとよく言われますが、本校の生徒も自分だけよければいい、という考えを持つ生徒はほとんどいません。習熟度別クラスや特進クラスを作っていないため、みんなで頑張って、希望する大学へ行こう、という雰囲気ができているんですね。学力別にクラスを分けていないメリットが、こんなところにも現れています。」（山崎校長先生）

綿密な進路指導で希望の進路をかなえる

生徒の興味・関心を引き出し、より高い目標へと導くために、進路指導部が作成する進路プログラムに沿って、発達段階に応じた「きめ細やかな進路指導」が行われています。

学力面では、定期テスト・実力テスト・全国模試の個人成績が記録され、卒業生のデータを参考にしなが

年中行事

昭和秀英では、年間を通じて行われる行事の数々を、日々の授業と同じくらい大切にしています。

修学旅行

大学模擬授業

海外教育研修

林間学校

百人一首大会

授業風景

昭和秀英生はみんな真剣に授業に臨んでいます。一方、芸術の授業では、楽しみながら感性を養っています。

ら大学の合否判断ができるようなシステムを整えています。

さらに、大学の先生方による模擬授業や、さまざまな職種の卒業生による進路講演会などのキャリア教育にも力が入れられています。

「学びたいことを明確にし、入学したいと強く願った大学ならば、そこでしっかり頑張ることができます。しかし、『だれかに言われたから』という理由で進学先を決めてしまっては、『自分のしたい勉強はこれではなかった』と入学後に後悔することになりかねません。

ですから、生徒には、自分の進みたい道はなんなのか、それを実現するために最適な大学・学部はどこなのかなど、大学進学に限らず、将来についてもじっくり考えてもらっています。そして、本校では、大学名や合格者数にはこだわらず、生徒が希望する大学に合格できるように、全力でサポートしていきます」と山崎校長先生は話されます。

このように、「質の高い授業」、「豊かな心の育成」、「きめ細やかな進路指導」の3つの柱を軸として、多くの生徒の希望を実現している昭和学院秀英高等学校では、どのような生徒さんを待っているのか、山崎校長先生に伺いました。

「自分の将来について、高い目標を持った、やる気のある生徒さんに来てほしいですね。本校は、持っている能力を存分に伸ばすことができる学校だと自負しておりますので、そのような生徒さんに来ていただければ、期待に応えられると思います。」

School Data

所在地 千葉県千葉市美浜区若葉1-2

アクセス JR京葉線「海浜幕張駅」徒歩10分、JR総武線「幕張駅」・京成千葉線「京成幕張駅」徒歩15分

生徒数 男子539名、女子469名

TEL 043-272-2481

URL http://www.showa-shuei.ed.jp/

3学期制　週6日制

月～金6時限、土4時限（来年度から高2は週1回7時限授業あり）

50分授業　高1は9クラス、高2・高3は10クラス

1クラス35名

2014年度（平成26年度）大学合格実績（ ）内は既卒

大学名	合格者	大学名	合格者
国公立大学		私立大学	
北海道大	3(1)	早稲田	83(13)
東北大	3(3)	慶應義塾大	41(11)
筑波大	9(3)	上智大	47(9)
千葉大	24(5)	東京理科大	102(23)
東京大	5(2)	青山学院大	41(9)
東京外大	9(2)	中央大	28(7)
東京工大	9(1)	法政大	64(28)
一橋大	3(0)	明治大	86(23)
お茶の水女子大	2(0)	立教大	77(14)
東京医科歯科大	2(0)	国際基督教大	2(0)
横浜国立大	3(0)	学習院大	23(8)
名古屋大	2(0)	津田塾大	5(3)
その他国公立大	14(2)	その他私立大	305(131)
計	88(19)	計	904(279)

日本大学《にほんだいがく》高等学校

School Data

所在地
神奈川県横浜市港北区箕輪町2-9-1

生徒数
男子837名、女子562名

TEL
045-560-2600

アクセス
東急東横線・東急目黒線・横浜市営地下鉄グリーンライン「日吉駅」徒歩12分またはスクールバス

URL
http://www.nihon-u.ac.jp/orgni/yokohama/

「自主創造」を理念に夢の実現をサポート

日本大学高等学校（以下、日大高）は、14学部を有する日本最大規模の総合大学である日本大の附属校です。「自主創造」を教育理念とし「自分で考え、行動し、自分の進む道は、自分で切り開いていく」ことのできる人材を育てています。

日大高は、約6割の生徒が日本大へ進む一方で、国公立・難関私立大への合格者も数を伸ばしています。

そのため、生徒の希望する進路に合わせた2つのクラスが用意されています。国公立大・最難関私立大への合格を目標とする「特別進学クラス」と、日本大・難関私立大への進学をめざす「総合進学クラス」です。

どちらのコースも基礎学力を確実に養ったうえで、大学受験に必要な応用力と問題解決能力を身につけるために、丁寧な指導が行われています。

生徒の学習意欲を高める魅力的な英語・理科教育

英語教育・理科教育に力を入れているのも特徴です。

英語教育では、希望者を対象として、放課後に日常会話の上達や英検合格をめざした英会話特別講座が開かれています。また、ネイティブスピーカーの教員と会話を楽しみながら英語力を磨くことができる「イングリッシュ・ラウンジ」も自由に利用できます。

こうして身につけた日ごろの学習の成果を発揮する機会が、2年次のオーストラリア修学旅行や夏季休暇中のカナダ英語研修です。ほかにもケンブリッジ大の寮に宿泊し、現地の大学生と交流するプログラムがあります。

理科教育では、生徒が理科に興味を持てるように、さまざまな実験が行われています。実験室には、教員の手元や板書の内容を映し出す液晶モニターが設置され、効率的にわかりやすく授業を進められるように配慮されています。

さらに、理科への関心が高い生徒は「ロボット講習」に参加することが可能です。日本大理工学部の教員と大学院生から指導を受け、ロボットの制作、プログラミングに挑戦する講習です。このような附属校である強みを活かした取り組みは、日大高の魅力の1つといえるでしょう。

ほかにも、高大連携教育として、日本大の法学部・経済学部・理工学部の講義を履修することができます。高校の段階から大学の学びに触れることは、生徒の学習意欲の向上につながっています。

このような充実した教育体制を整えた日本大学高等学校は、生徒の夢と笑顔にあふれた学校です。生徒が自分で未来を切り開いていけるように、教職員は全力でサポートしています。

山《やま》手《て》学《がく》院《いん》高等学校

School Data

所在地
神奈川県横浜市栄区上郷町460

生徒数
男子667名、女子749名

TEL
045-891-2111

アクセス
JR京浜東北線「港南台駅」徒歩12分

URL
http://www.yamate-gakuin.ac.jp/

世界で活躍するための国際理解教育

「世界を舞台に活躍でき、世界に信頼される人間」の育成をめざして、1966年（昭和41年）に設立された山手学院。高等学校は1969年（昭和44年）に開校しました。

コースは、高1ではすべての科目をバランスよく学び、高2から文系クラス・理系クラスに分かれる「普通コース」、3年間クラス替えをせず、一貫した高いレベルの理数教育を行う「理数コース」の2種類です。

世界で活躍できる人材を育てることを目標にする山手学院では、どちらのコースでも、英語表現の授業はすべてネイティブスピーカーの教員が担当するなど、英語教育に力を入れたカリキュラムが編成されています。

さらに、開校当初から「北米研修プログラム」を行うことで、実際に世界を体感する機会を設けています。

準備からしっかり取り組む　全員参加の北米研修プログラム

「北米研修プログラム」は高校2年生全員が参加するプログラムです。

まずは、高2の春に「北米ホームステイ」として、アメリカもしくはカナダを訪れます。滞在中は、現地家庭に2人1組で宿泊しながら、現地校に2週間通います。多種多様な人々と交流することで視野が広がり、さらに、ステイ先でも学校でも、毎日英語を使うため、英語力にも磨きがかかります。

そして夏休みには、ホームステイで出会ったアメリカ・カナダの生徒を日本に招き、山手学院生の自宅に2週間宿泊してもらう「リターン・ビジット」を実施します。いっしょに観光地をめぐったり、部活動に参加したりと、楽しい時間を過ごし、お茶や書道といった日本文化を体験してもらう「カルチャーデイ」も開催します。

このプログラムに向けて、高校1年時から説明会と講習が数回にわたって開かれており、英会話やスピーチの練習、ホストファミリーへの手紙の書き方をはじめとする、国際交流で役立つ色々なことを学んでいます。準備段階からしっかりと取り組むことで、一連の国際交流を実りあるものにすることができるのです。

また、1992年（平成4年）からは、世界の高校生が集まる「国連世界高校生会議」へも参加し始めました。

このように、創立以来一貫して、国際理解教育に力を入れてきた山手学院は、2016年（平成28年）に創立50周年を迎えます。これからも、グローバル化が進む時代に対応しながら、世界で活躍することを見据えた、魅力的な教育を展開していきます。

小山《こやま》 利一《としかず》 校長先生

東京都立

青《あお》山《やま》高等学校

共学校

FOCUS ON 公立高校

熱心な教員と高めあえる仲間　高い志を持ち国公立大をめざす

難関国公立大をめざす進学校として、さまざまな改善策を実施した東京都立青山高等学校。生徒1人ひとりに寄り添った丁寧な学習指導がすばらしい大学合格実績へとつながっています。学習・行事・部活動のすべてに一生懸命に取り組む生徒のはつらつとした姿が多くみられます。

創立75年を迎えた伝統校「高きを望め　青山で」

渋谷区神宮前に立地する東京都立青山高等学校（以下、青山高）は、交通の便に恵まれ、神宮外苑の豊富な緑に囲まれた環境にあります。

青山高の歴史は、１９４０年（昭和15年）、当時の東京市赤坂区に開校された東京府立第十五中学校から始まります。その後、東京都立多摩中学校と統合し、東京都立青山中学校となりました。１９４８年（昭和23年）の学制改革で東京都立青山高等学校に改称され、１９５８年（昭和33年）、現在地に移転しました。

教育目標に「健康な身体をつくり、知性をたかめ、情操を豊かにし、個性をのばし、社会性をつちかう」と掲げられています。また、「高きを

望め 青山で」をスローガンとして、志を高く持ち、将来、社会のリーダーとなる人材を育てるために、知・徳・体のバランスのとれた全人教育が行われています。

小山利一校長先生は「本校の生徒は、勉強や学校行事、部活動、なんにでも一生懸命取り組んでいます。一生懸命になれるということはとても大事なことです。生徒にはどれか1つに偏るのではなく、3つすべてに積極的に取り組んで、バランスのとれた人間になってほしいと伝えています」と話されました。

普段の積み重ねが学力向上につながる

「難関国公立大学をめざす進学校」として教育活動を行っている青山高のカリキュラムは、1・2年次は共通履修で学び、3年次からA型（理系進学希望者）とB型（文系進学希望者）に分かれます。

習熟度別授業は1年次の数学Ⅰ、2年次の古典B・数学Ⅱ・英語表現Ⅱ、3年次の古典B・英語表現Ⅱで行われています。

また、化学で毎週のように実験が実施されているのも特徴の1つです。理系をめざす生徒にとって満足できる授業が展開され、文系の生徒も実験によって理科に興味を持つことができています。

土曜日は、年20回の土曜授業に加えて、それ以外の日も講習デーとして利用されています。講習は、原則として全員参加となっており、2014年度（平成26年度）は9回行われました。

土曜日以外にも、長期休業中はもちろん、普段から教員によって自主的に補習や講習が開かれています。授業が始まる前、授業が終わったあと、部活動が終わったあとと、生徒が自分の予定に合わせて受講することができるように、さまざまな時間帯で組まれています。

「本校の教員は、とても熱意があり、面倒見がよいです。授業に加え、補習や講習も含めた普段の積み重ねが、生徒の確かな学力向上につながっていると思います。部活動が終わってからも学校に残って講習に参加したり、20時まで開放している自習室で自学自習している生徒の姿が多く見られます。自習室は、1人で静かに勉強するための教室と、仲間と互いに教えあいながら勉強する教室の2つを用意しています。3年生だけでなく1・2年生も自習室を大いに活用していますね。」（小山校長先生）

授業風景

「授業は真剣勝負の場である」と考える教員による質の高い授業が展開されています。

施設

屋上緑地

図書室

屋上にある屋根つきプール

美術室

5階視聴覚ホール

人工芝のテニスコートや屋上にある屋根つきのプールなど施設も充実しています。図書館には約2万4000冊の蔵書があり、落ち着いて自習できる環境も整えられています。

学校全体でつかみ取った進学指導重点校の指定延長

青山高は、２００３年度（平成15年度）〜２０１２年度（平成24年度）まで、進学指導重点校に指定されていました。しかし、２０１３年度（平成25年度）、２０１４年度（平成26年度）は暫定措置とされ、その２年間の大学合格実績によっては指定をはずされるかもしれないという状況でした。そんななか２０１０年（平成22年）に赴任した小山校長先生を中心に、学校全体が一丸となって改革に取り組んだことで大学合格実績を飛躍的に伸ばし、２０１７年度（平成29年度）までの指定延長が決定されました。

改革のなかには、行事の実施時期・実施方法の見直しがありました。例えば、全クラスがミュージカルや演劇を行うことで有名な外苑祭は、実施時期が９月初旬から夏休み明けすぐの８月末へと変更されました。

「外苑祭は、１週間ほど日程を早めたことで準備期間が短くなりましたが、19時までの夜間練習を３週間確保し、本番前に３日間の全日準備日を設けました。この３日間は授業をいっさい行わずに準備や練習に集中します。そして、外苑祭が終わると２学期はほかに行事がないので、気持ちを切り替えて落ち着いて勉強に打ち込むという体制になります。メリハリをつけて行事・学習に取り組めるので、とてもよかったです。また、準備日に３年生の公開リハーサルがあるので、１・２年生も３年生の演技を見ることができるようになり、刺激を受けているようです。

進学指導重点校の指定の延長が決定されたのは、生徒が第１志望の合格を『諦めない』、教員が『諦めさせない』という姿勢でいたからだと思います。１・２年生も３年生の頑張っている姿を見て応援していました。１年生が掃除している自習室には、３年生を応援するメッセージが書かれていたりしましたね。」（小山校長先生）

行事

学校生活を彩り、仲間とのきずなが深まる行事。そのなかでも一番盛りあがるのが外苑祭です。自分たちで脚本を書きオリジナルの作品を披露するクラス、著作権の許諾を得て有名な作品を演じるクラスなど、演目はさまざまです。衣装や小道具も生徒たちの手作りで、随所に工夫が凝らされています。

個々の成績を把握し丁寧な教科指導を実践

進路指導でも新たな取り組みが行われ、その積み重ねが生徒の学力向上につながったと考えられます。

例えば、定期考査・校内実力テスト・全国模試などの成績は、１人ひとりの個人カルテとしてまとめられています。そのカルテと個人の志望する大学の受験科目を照らしあわせながら、個々の指導について話しあうのが「進路職員会議」です。担任だけでなく、各教科の担当教員が生徒1人ひとりの苦手や伸ばすべき分野を把握し、教科指導につなげていくという体制が整えられました。

また、返却された定期試験や模試は、必ずもう一度解き直すように指導がなされています。そして、2013年度（平成25年度）から、外部の模試は学年集会で返却されるようになりました。教科ごとに担当教員が試験のポイントを解説し、今後どのように勉強していくべきかをいっせいに生徒全員に伝えることができるからです。1回1回のテストを疎かにせず、知識を確実に定着させていくことが徹底されています。

このようなさまざまな取り組みが行われている青山高は、今後さらなる注目が集まることでしょう。2015年度（平成27年度）は募集クラスが1クラス増え、8クラス募集となります。最後に、小山校長先生から青山高を志望するみなさんへメッセージをいただきました。

「国公立大をめざすという高い志を持ったチャレンジ精神旺盛なみなさんを待っています。本校には、生徒が互いに教えあい高めあうという雰囲気があります。同じ大学をめざす友人が挫折しそうになったら、仲間が最後まで諦めないでいっしょに頑張ろうと励ましている姿がみられます。本校は切磋琢磨できる仲間と面倒見のよい教員に囲まれて、入学してから学力をさらに伸ばすことができる学校です。」（小山校長先生）

部活動

野球部

青山フィルハーモニー管弦楽団

剣道部

女子硬式テニス部

ラグビー部

陸上部

部活動も盛んな青山高。入部率は9割を超えます。そのなかでも青山フィルハーモニー管弦楽団（青フィル）は人気が高く、「青フィルに入りたい」と入学してくる生徒もいるほどです。

2014年度（平成26年度）大学合格実績（）内は既卒

大学名	合格者	大学名	合格者
国公立大学		私立大学	
北海道大	6(1)	早稲田大	111(42)
東北大	3(1)	慶應義塾大	45(19)
筑波大	7(2)	上智大	34(7)
千葉大	16(8)	東京理科大	45(9)
東京大	3(0)	青山学院大	37(5)
東京医科歯科大	1(1)	中央大	37(21)
東京外大	6(0)	法政大	40(16)
東京学芸大	8(1)	明治大	99(43)
東京工大	5(2)	立教大	71(18)
一橋大	12(3)	学習院大	21(8)
京都大	2(2)	国際基督教大	3(2)
その他国公立大	69(22)	その他私立大	306(108)
計	138(43)	計	849(298)

School Data

所在地　東京都渋谷区神宮前2-1-8

アクセス　地下鉄銀座線「外苑前駅」徒歩3分、都営大江戸線「国立競技場駅」・JR中央・総武線「信濃町駅」「千駄ヶ谷駅」徒歩15分

TEL　03-3404-7801

生徒数　男子442名、女子407名

URL　http://www.aoyama-h.metro.tokyo.jp/

✣3学期制　✣週5日制　✣月曜～金曜6時限（2年次は7・8時限に選択科目）　✣月曜～金曜50分、土曜70分授業　✣1学年7クラス　✣1クラス40名

和田式 教育的指導

ケアレスミス対策は万全？ 高校受験では、1点の差で 合否が分かれることもある

入試本番で一番気をつけたいのは、やはりケアレスミス。実力が伯仲した受験生が集う高校入試では、たった1点の差で合格と不合格が分かれてしまうことがあるからです。「あの問題でミスをしていなければ受かったのに…」と後悔しないためにも、ミス対策は重要です。

ケアレスミス対策の重要性を確認しよう

入試本番が間近に迫ったこの時期、受験生のみなさんは、ケアレスミスによる失点の重さを痛感しているのではないでしょうか。

受験勉強と並行してケアレスミス対策に取り組んでほしいということは、2014年10月号の当連載でもお話ししました。

10月号を読んできちんとミス対策に励んできた人も、つい疎かにしてしまった人も、これから本番に向けて気を引き締めてミスと向きあいましょう。

入試のときは、受験生はみんな気を張っているに違いありません。それでも、多くの人はケアレスミスをしてしまいます。気を張っているのに、なぜケアレスミスをしてしまうのでしょうか。それは、自分がミスをしやすいパターンを把握できていないことがおもな原因と言えます。

まずは、どういうところで自分がミスをしやすいのかを知ることが必要です。10月号では、模擬試験の活用方法として、見直しにより自分がやりがちなミスのパターンを知り、対策をするというアドバイスを書きました。同じように、これまでの定期テスト・実力テスト・模擬試験・過去問などをチェックし、自分が間違えた問題を再度確認してみましょう。

「計算ミスをしやすい」「英単語のスペルを間違いやすい」「問題文をきちんと読まずに勘違いした答えを書いている」など、人それぞれですが、自分がよくやるミスにはどんなものが多いのかがわかります。

ひと通り自分のミスをチェックできれば、気をつけるべきポイントが定まり、入試本番でも注意するようになるので、それだけでかなりミスを減らすことができるはずです。

ミスのパターンとその対策法を知ろう

自分のミスがわかったら、次のステップです。ミスを減らすための対策法を考えてみましょう。よくあるミスの症状別対策方法を簡単にお伝えしますので、参考にしてください。

問題を見て「これは楽勝だな」と思う油断や慢心によるミスが多い場合は、見直しをいつもより慎重にするようにしましょう。

緊張や焦りによってうっかりミスをしてしまうという場合は、なるべくリラックスすること。問題が難しくて焦っても、「難しいと思っているのは自分だけじゃないはず」と考えれば落ち着けるはずです。

ひっかけ問題でよくミスをしてしまう場合は、思い込み過ぎないことがポイントです。「この解法でいけそうだ」と思っても、途中でつまずいた場合は別の解法を試すなど、柔軟に対処するようにしましょう。

問題の意図を正しく把握しないまま解き進めることで混乱してしまう見切り発車のミスが多い人は、途中式や図を書くなど視覚的に頭に入れながら解くことでミスは減ります。

疲れているときもミスは起こりがち。併願校との受験が連日続く予定の人は、翌日に疲労が残らないように気をつけることが大事です。

ミスによる失点をなくして、悔いの残らない入試をめざしましょう。

Hideki Wada

和田秀樹

1960年大阪府生まれ。東京大学医学部卒、東京大学医学部附属病院精神神経科助手、アメリカのカールメニンガー精神医学校国際フェローを経て、現在は川崎幸病院精神科顧問、国際医療福祉大学大学院教授、緑鐵受験指導ゼミナール代表を務める。心理学を児童教育、受験教育に活用し、独自の理論と実践で知られる。著書には『和田式　勉強のやる気をつくる本』（学研教育出版）『中学生の正しい勉強法』（瀬谷出版）『難関校に合格する人の共通点』（共著、東京書籍）など多数。初監督作品の映画「受験のシンデレラ」がモナコ国際映画祭グランプリ受賞。

和田先生のお悩み解決アドバイス!!

Question

入試で緊張しないコツを教えてください

Answer

リラックスと笑顔で緊張を吹き飛ばそう

適度な緊張状態は、集中力を高めることにつながりますが、緊張のしすぎは逆効果。定期テストや模試でいつも緊張してしまい、実力が存分に発揮できないという人は本番も心配ですね。これは、普段にはない緊張状態のせいで、息が荒くなったり、胸がドキドキしてしまったりする、パニック状態にあると言えます。解消させるには、リラックスすることが一番。深呼吸をしたり、手をブラブラと振ってみるなど、ちょっとひと息入れてみてください。

また、パニック時には、前頭葉の血流が悪くなり、窒息状態のようになっていることが知られています。それを和らげるのには、「笑い」が有効です。ジョーク集や可愛がっているペットの写真、応援してくれる家族の写真など、見ると笑顔になれるアイテムを持参し、入試の前に眺めて笑顔になることで、緊張がほぐれるでしょう。

リラックスする方法は人それぞれですから、どうやったら自分がリラックスできるのかを知ることが大切です。

教育評論家 正尾佐の

高校受験指南書

【九拾八の巻】今年出た難しい問題3

国語

「今年出た難しい問題」の最後は国語で国立大学の附属校にしよう。お茶の水女子大附属高だ。

次の文章を読んで、あとの問いに答えなさい。

生物の世界で「文化」というと、すぐ引用されるのが宮《みや》崎《ざき》県串間《くしま》市の幸島《こうじま》というところにセイソクするニホンザルの行動である。人間からエサとして与えられたサツマイモを、浜辺で海水に浸して食べる、というのである。

問二 二重傍線部aについて、漢字はその読み方をひらがなで記し、カタカナは漢字に改めなさい。

「セイソク」は『（ある場所に）住むこと』だ。易しいね。

正解 生息

あるとき、一頭のメスのコドモが、塩味をそえることを学習した。【 1 】海辺で、手にしていたイモを海中に落としたのだろう。拾って口に入れると意外によい味がした。それ以来、【 2 】湿らせることにした。【 3 】同様の行動が集団の他のサルにも伝播《でんぱ》[注1]していった、という。そして、世代を超えて継承されていく。【 4 】、他の地域のニホンザルは決してそんなことはしない。【 5 】、幸島のサルには文化があるとたいへん話題となった。

［注1］伝播…伝わり広まること。

問一 【 】1～5に入れるのに最も適切な言葉を次の中から選び、それぞれ記号で答えなさい。ただし同じ記号を二度以上使ってはいけません。

ア、あえて　イ、あるいは
ウ、すると　エ、だから
オ、たまたま　カ、むろん
キ、ようやく

誤りやすいのは、【 2 】だろう。カの「むろん」を入れたくなる。けれども、幸島のサルのみがそうしただけで、「他の地域のニホンザルは決してそんなことはしない。」と問題文に書かれているから、「むろん」は入らない。

アの「あえて」は普通ならしないのだが、『無理して（する）』とか『思いきって（する）』とか『わざわざ（する）』という意味だ。
サル（に限らず野性動物）は食べものを手に入れれば、そのまますぐに食べ始める。ところが、幸島のサルはわざわざ波打ち際に行って、海水に浸すようになったというのだ。

正解
1＝オ　2＝ア
3＝ウ　4＝カ
5＝エ

私は、これをただちに人間の文化と対等とみなすつもりはない。ただ、萌芽《ほうが》的な側面を有していることはやはり事実だろう。それは何かというと、個々のサルが生後に環境の中で学習した行動が、集団単位で時間を超えて維持されているという点である。文化とは、外縁の明確な集まりの中で、メンバーによって斉一[注2]《せいいつ》的に共有されていなくてはならない。そして世代から世代へ伝えられていく。
ただし、イモ洗いは所詮《しょせん》イモ洗いである。幸島の発見以降も、類似の報告は霊長類[注3]では少なくない。チンパンジーでは、ある地域でのみ、石を用いて木の実を割る行動が見られるという。

［注2］斉一的…一様にそろっている様子。
［注3］霊長類…サル目の哺《ほ》乳《にゅう》類の総称。サル類とヒト類を含む。

問九　破線部「私は、これをただちに人間の文化と対等とみなすつもりはない。ただ、萌芽的な側面を有していることはやはり事実だろう」とありますが、どういう点でそう言えるのですか。一〇〇字以内で記しなさい。その際、人間の文化と比較して答えること。

さあ、この問九は難しい。「一〇〇字以内」という字数は、君たちにはかなり長めに感じるだろう。
しかも、「人間の文化と比較して答えること」という指定がついている。だが、問題文のここまではまだ「人間の文化」について書かれてはいない。もっとあとの方まで読まなければならないようだ。だから、あと回しにしよう。

しかし人間の文化と一線を画すのは、サルの場合、たかだか個々の生物の嗜好[注4]《しこう》にとどまっているという事実だろう。なるほど、幸島のサルはみんなイモ洗いをするから、他の集団と違って塩味のおいしいものが食べられる。石で堅い木の実を割れるチンパンジーは、他の集団が味わえない食物をエンジョイできよう。けれども、地域独自のノ[注5]ウハウを編み出しはしても、恩恵を被るのは個々にそれを行うサルである。

［注4］嗜好…好み。
［注5］ノウハウ…物事のやり方。こつ。

問二　二重傍線部bについて、漢字はその読み方をひらがなで記し、カタカナは漢字に改めなさい。

問三　傍線部A「一線を画す」の意味として最も適切なものを次の中から選び、記号で答えなさい。
ア、あまり見分けがつかない。
イ、いっせいに並び立つ。
ウ、つながりを断ちがたい。
エ、はっきりと区切りがつく。
オ、やっとのことで結びつく。

「被る」は『こうむる』と読む。思わず『こおむる』と答えそうにな

るかもしれない。気をつけよう。

正解　こうむ

「一線を画す」というのは、『境界線を一本（＝一線）引いて2つに分けて、はっきり区別する（＝画す）』という意味だ。

正解　エ

他方、人間の文化は、個々人が文化的な要素をはらんだ同一の行動を実行するとき、そこで①連帯の意識を持つ点でサルと異なるのだ。ニホンザルは、自分がイモ洗いをしつつ、仲間が同じことを行っているのを目にしても、親近感は抱かないだろう。ところが人間ならば、無自覚のうちに相手に共感を抱くに違いないのだ。

問四　傍線部①「連帯の意識」とほぼ同じ意味の表現を本文中から一〇字以内で抜き出して、「…こと」に続く形で答えなさい。

この問四は、ここまでの問題文を読めば答えられる。「連帯」は『人が、ほかの人（や人たち）と心がつながっている』、あるいは『ほかの人（や人たち）といっしょに持ったり行動をしたり責任をいっしょに持ったりすること』をいう。『心がつながっている』のだから、同じような気持ちになるはずだね。

正解　相手に共感を抱くこと

ここのところで、先ほどの問九を解く手がかりが得られる。ここでは、「人間の文化」と「幸島のサルのイモ洗い」とが比較されている。それは、次のように整理できる。

○人間の文化
　同一の行動を実行する
　　←
　連帯の意識を持つ（＝共感を抱く）

○サルのイモ洗い
　仲間が同じことを行う
　　←
　親近感は抱かない

だが、これだけでは一〇〇字の解答文は作れない。まだ、重要なポイントがあるはずだ。つまり、問題文のここから先に大事なことが述べられているに違いない。

反対に自分がしないことをするのを目撃すると、敵対意識を持つかもしれない。例えば、食事に際し日本人は箸《はし》を用いる。それが、インドやインドネシアからやって来た人を食事に招き、突然手で食べだすのを目にしたら、嫌悪感を持つのではないだろうか。しかもたとえ、向こうではそういう習慣なのだと教わっても、その思いを打ち消すのは、なかなかたいへんである。

人間の食物の味わい方は多様である。舌で賞味するのに加え、日本人は見た目を大切にする。かたやインドやインドネシアの人は、口に入れる前に指で触感を楽しむようだ。

もっと読み進めよう、と思ったら、残念、ページ数が尽きた。では、この続きは2月発売の3月号でやろう。

※問題文の引用は正高信男『考えないヒト』より。

WASE-ACA TEACHERS

国語

東大入試突破への現国の習慣

「何をしたのか」という記録の客観性が、「何をすべきか」を導き出すのです。

田中《たなか》 利周《としかね》先生

早稲田アカデミー教務企画顧問

東京大学文学部卒。東京大学大学院人文科学研究科修士課程修了。文教委員会委員。現国や日本史などの受験参考書の著作も多数。

グレーゾーンに照準！ 今月のオトナの言い回し 「レコーディング」

レコーディング、と聞くと皆さんは何を思い浮かべますか？ ミュージシャンが楽曲や歌を録音する光景でしょうか。でも、黒い色をしたドーナツ型のレコードの存在を、知らないという中学生の皆さんも相当の数いるのではないでしょうか。「言葉を聞いたことはあるけれども、実物は持っていないし、見たこともない」というのが普通の反応ではないでしょうかね。今やCDでさえ、手に取ったことのない皆さんも多いと思います。レコードを作製するために録音を行うこと、これが狭い意味でのレコーディングです。大きなマイクに向かってヘッドホンをつけた歌手がスタジオの中で熱唱している、そんなイメージが伴いますよね。

では、広い意味でのレコーディングとは何でしょうか？ 音源の記録媒体としてのレコードという商品についてだけではなく、そもそも「レコード」というのは「記録」そのものを意味する言葉でもあるのです。ですからレコーディングといえば「記録しておくこと」という一般的な意味があるのです。

一昔前に「レコーディングダイエット」というのが流行《はや》りました。毎日自分が何を食べたのかを記録に残しておくことで、食生活を客観的に反省できるというものです。日記をつける、というのも立派なレコーディングになるのですね。

筆者もレコーディングを行っています よ！「これから何をするのか」というスケジュール管理の手帳とは別に、「今日は何をしたのか」を記録しておくノートを用意しているのです。一日の反省をこめて、などというかしこまったものではなく、いつどこで何をしたのかだけをざっくりと記入しておくのです。何を食べたのかも記録していますよ。

こうして記録しておくだけで、後から振り返ると実に様々なことが見えてきます！ 長年筆者は肩こりに悩まされているのですが、特に肩こりがひどくなるタイミングがあります。なんとなく周期的に痛くなるものなのかと思っていたのですが、レコーディングによってその原因が分かりました。ひどくなる前日には共通して、体を冷やす行動をとっていたことが明らかになったのです。炭酸系の冷たいものを飲みすぎたり、薄着のまま作業を続けたりと、「これが原因か！」というものが発見できました。中には「このお店のこのメニューを注文して食べた翌日には肩こりをおこす」などというジンクスに近いようなものもあります。でも二度と注文しなくなりますよ（笑）。

逆に、「このお店のこのメニューを注文して食べた翌日は、体調がいい！」なんていうパターンもあります。食べ過ぎては元も子もないのですが、週に一回は食べるようになった「私にとっての定番メニュー」も、レコーディングのおかげで見つけることができました。もちろん外食だけではなく、家で食べるメニューについても「翌日の体調」という「結果」に照らし合わせて、「自分にとってはコレがいい！」というものを見つけ出すことができるようになるのです。そうそう、私はチョコレートを食べ過ぎると頭痛をおこす、ということもレコーディングの結果明らかになりました。これはショックでしたよ、大好物ですから。それでも口さびしくてついついチョコレートをパクパク食べていた習慣を改めて、今では、「チョコレート」と「頭痛」を結びつけて理解しているために、手を出す際にためらうという習慣が身につきましたよ！「ためらう」だけで、食べないわけではありませんが（笑）。それでも食べ過ぎはなくなりました。

「学習の記録をつけなさい！」と皆さんもよく言われていることでしょう。正直なところ、面倒くさいし、やっても意味がないんじゃないか？　と思ってしまうのかもしれません。けれども、「何を学習したのか？」という客観的な記録がなくては、「テストの点数」という「結果」に照らし合わせて、「どうやって勉強すればよかったのか」という反省も生まれてこないのです。好きな科目にばかり手を出していて、別の科目がおろそかになり、頭が痛くなるような点数が返ってきたり…。気をつけましょうね。あるいは試しにやってみた勉強法がうまくいった場合もあるでしょう。このやり方をちゃんと「定番メニュー」にして、一度きりにしないことも大切です。自分にとってコレがいい！　という学習法は、自分で見つけ出してこそ習慣化されるのですよ。そのためにはまず自分の学習記録をつけること。レコーディングをしてみて下さいね！

慇・懃・無・礼!?　今月のオトナの四字熟語「緩急自在」

「かんきゅうじざい」と読みます。「緩急」は程度が弱いことと強いこと、または遅いことと早いこと。「自在」は思ったとおりにできること。この二つの熟語を組み合わせて「状況に応じて、対応を早くしたり遅くしたり、緩めたり厳しくしたりと、思うままに操ること」を意味する四字熟語となったのです。ものごとを思いのままに操ることができる！　なんていうと、いかにも大物感のただよう、オトナ度が高い四字熟語だと思えますよね。何ごとも一生懸命に打ち込んで手を抜かない、全力投球！　という態度が求められる中学生の皆さんにとっては、「緩急自在ですね！」とほめられている姿というのはチョッと想像しにくいのではないでしょうか。

手前味噌で恐縮ですが、筆者は「緩急自在ですね」と評価されることがあります（笑）。いえいえ、自慢したいわけではありません。長年の経験で、メリハリをつけて仕事をすることができるというだけで、「年相応」と考えるべきなのです。けれども、オトナの四字熟語としてこの「緩急自在」を考察してみた場合、全く別の側面があることが分かります。実はコレ、自慢にもならない、むしろ非難の意味をこめて「緩急自在もいいですが…」と、使われるケースもありうるのです。以下にちょっと紹介してみますね。

「緩急自在」の要所は、「状況に応じて対応をかえる」ところにあるわけですが、状況は特に変化もしていないのに、勝手に対応を遅らせたり緩めたりしたらどうでしょうか？　「状況に応じて」というのをいいことに、「やらないことのいい訳」にするということも考えられるのです。また、対応をコロコロかえるというのは「行き当たりばったりで、計画性がないじゃないですか！」という非難をあびることがありうる、ということでもあるのです。ことほどさように、オトナの事情というのは複雑怪奇であったりします。少なくともいえることは、結果を出してはじめて緩急自在という言葉が使えるということです。緩急自在に取り組んで、結局失敗しましたというのは許されないのです。それはただの「手抜き」であって、評価されないどころか責任を問われてしまいます。その覚悟を持って緩急自在に対処するというのがオトナの態度なのです。

ですから皆さんには「緩急自在に勉強に取り組んでみましょう！」とは言いません。「やらないことのいい訳」は禁物ですから。手の抜きどころを先に考えるのではなく、持てる力の全てを使って必死に頑張るということが大切なのです。一度目は必ず全力を出し切ってこそ、二度目のターンで要領が分かってくるというものなのです。何度も痛い目にあってようやく身につくというのが経験値です。その経験値をもとに、対応を変えてみること。そこに意味があるのです。最初から緩急自在の対応はありえない、ということを知っておいてください。「本気でやる」必ずそこからスタートなのです！

PRだから、六角形LPNQRMは正六角形である。

線分LMの長さをaとすると、切り口の正六角形は1辺の長さがaの正三角形６つぶんである。

１辺がaの正三角形の面積は$\frac{\sqrt{3}}{4}a^2$だから、

$T=\frac{\sqrt{3}}{4}a^2\times6=\frac{3\sqrt{3}}{2}a^2$

一方、AB＝2AL＝2×$\frac{1}{\sqrt{2}}$LM＝$\sqrt{2}a$より、

$S=(\sqrt{2}a)^2=2a^2$

よって、$\frac{T}{S}=\frac{3\sqrt{3}}{2}a^2\div2a^2=\mathbf{\frac{3\sqrt{3}}{4}}$

図1

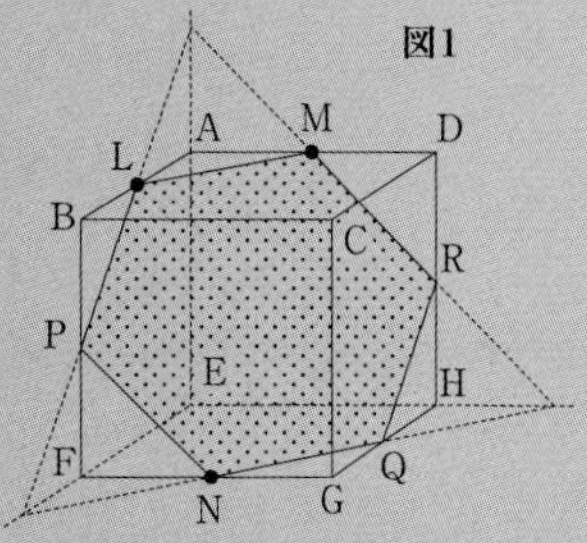

次の問題も、与えられた３点を通る平面で立方体を切断する問題ですが、図形の相似を利用して解く問題になります。

問題2

１辺の長さが4の立方体ABCD-EFGHがある。Pは辺ADを3：1に分ける点で，Q，Rはそれぞれ辺CD，辺CGの中点である。この立方体を３点P，Q，Rを通る平面で切るとき，切り口が辺EHと交わる点をSとする。次の問いに答えなさい。　　　　　　　　　　（慶應女子）

(1)PD：SHを求めなさい。

(2)辺DHを含む方の立体の体積を求めなさい。

(3)頂点Hから切り口の平面に下ろした垂線の長さを求めなさい。

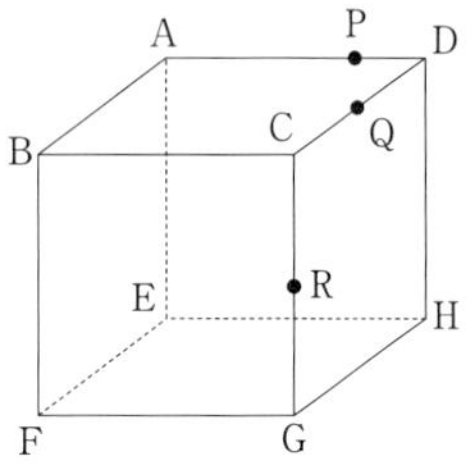

<考え方>

(1)直線QRは、3点P、Q、Rを通る平面と面CGHDとの交線であり、**図2**のように直線HD、HGとは、それぞれ点I、Jで交わります。

(2)辺DHを含む方の立体は、三角すいから、もとと相似な三角すいを取り除いた形になります。また、相似な立体の体積比は、相似比の３乗に比例します。

(3)求める垂線の長さは、三角すいI-HSJの高さにあたります。

図2

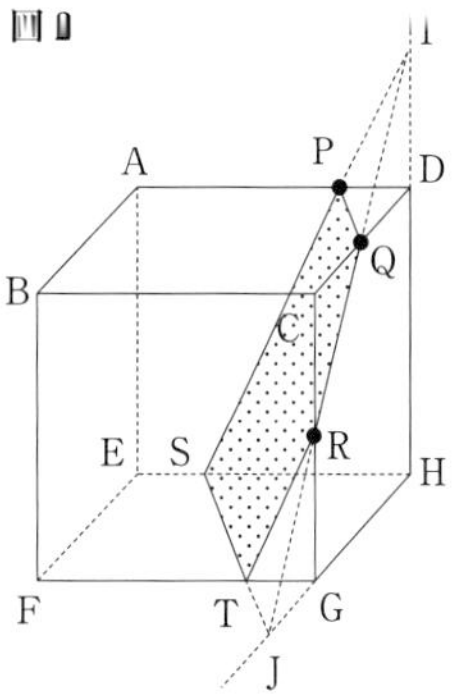

<解き方>

(1)**図2**のように、直線QRと直線HD、HGとの交点をI、Jとすると、△DIQ≡△CRQより、DI＝CR＝**2**

Sは直線IPと直線EHとの交点だから、△IPD∽△ISHより、

PD：SH＝ID：IH＝2：(2+4)＝**1：3**

(2)線分SJと辺FGとの交点をTとすると、三角すいI-DPQと三角すいR-GTJは合同で、三角すいI-HSJと1：3の相似だから、

(求める立体の体積)＝(三角すいI-HSJの体積)－{(三角すいI-DPQの体積)+(三角すいR-GTJの体積)}

＝(三角すいI-HSJの体積)－(三角すいI-DPQの体積)×2

＝(三角すいI-HSJの体積)×$\{1-(\frac{1}{3})^3\times2\}$

$=\frac{1}{3}\times\frac{1}{2}\times6\times3\times6\times\frac{25}{27}=\mathbf{\frac{50}{3}}$

(3)△IHS≡△JHSだから、△IHSにおいて三平方の定理より、

JS＝IS＝$\sqrt{6^2+3^2}=3\sqrt{5}$

△IHJは直角二等辺三角形だから、IJ＝$\sqrt{2}$ IH＝$6\sqrt{2}$

図3

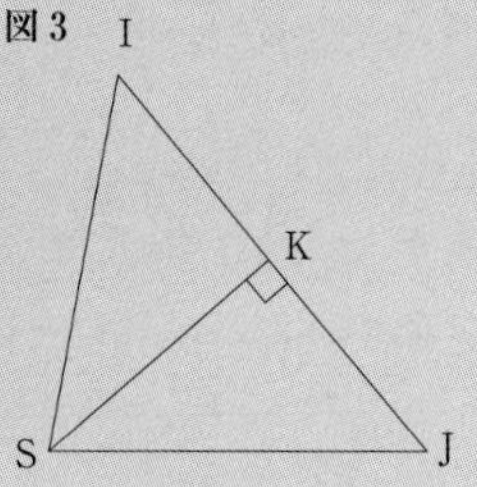

図3のように、頂点Sから辺IJに引いた垂線との交点をKとすると、Kは辺IJの中点になるから、IK＝$\frac{1}{2}$IJ＝$3\sqrt{2}$より、

SK＝$\sqrt{(3\sqrt{5})^2-(3\sqrt{2})^2}=3\sqrt{3}$

よって、△ISJ＝$\frac{1}{2}\times6\sqrt{2}\times3\sqrt{3}=9\sqrt{6}$

また、(三角すいI-HSJの体積)＝$\frac{1}{3}\times\frac{1}{2}\times6\times3\times6=18$

求める垂線の長さをhとすると、hは△ISJを底面としたときの三角すいI-HSJの高さにあたるから、

$\frac{1}{3}\times9\sqrt{6}\times h=18$

これより、h＝$\mathbf{\sqrt{6}}$

立体の切断に関する問題では、切り口の図形を作図しなくてはならないものも少なくありません。正多面体を切断するものが中心ですから、今回の例題をもう一度解き直しながら、基本の考え方を理解しておきましょう。このとき、問題を立体のまま考えるのではなく、問題２の**図３**のように平面図形に置き換えて考えることがコツになりますから、ぜひ参考にしてください。

WASE-ACA TEACHERS

数学

楽しみmath 数学！DX

立体の切断は切り口を作図することも必要

登木 隆司先生

早稲田アカデミー　城北ブロック ブロック長
兼 池袋校校長

今月は、立体の切断に関する問題を学習していきます。

まず、考え方の基本となるのは、次の2つです。

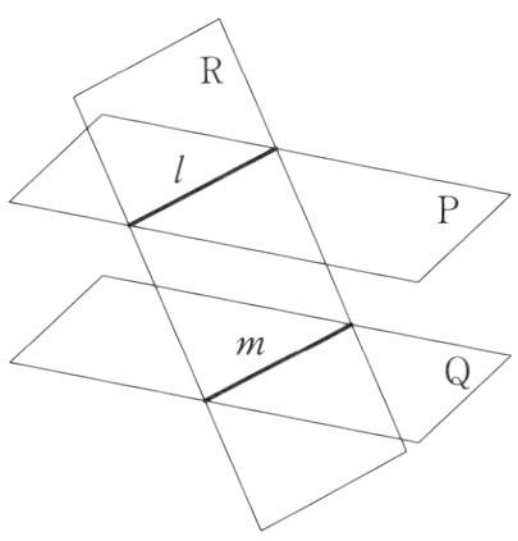

①平面と平面の交わり（**交線**）は直線になる

②平行な２つの平面に別の平面が交わるときにできる２つの交線は平行である（上の図において、平面P//平面Qならば $l//m$）

この2つを利用して、次のような与えられた3点を通る平面で立方体を切断する問題を考えてみましょう。

問題1

次の図は立方体ABCD-EFGHで，点L，M，Nはそれぞれ辺AB，AD，FGの中点である。この立方体の１つの面の面積をSとし，３点L，M，Nを通る平面でこの立方体を切ったときの切り口の面積をTとするとき，$\frac{T}{S}$の値を求めなさい。　（國學院大久我山）

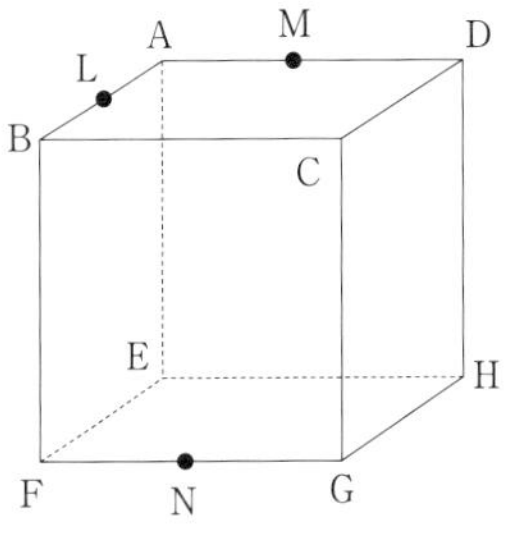

<考え方>

３点L、M、Nを通る平面と面ABCDとの交線は、直線LMになります。

<解き方>

３点L、M、Nを通る平面と面EFGHとの交線は、点Nを通り直線LMに平行な直線となるので、この直線と直線EF、EHとの交点をもとにすると、切り口の図形は**図１**のような六角形になる。ここで、△ALM、△BPL、△FNP、△GQN、△HRQ、△DMRはすべて合同で、かつ、対角線MN＝LQ＝

WASE-ACA TEACHERS

英語で話そう！

朝がちょっぴり苦手な中学３年生のサマンサは、父（マイケル）と母（ローズ）、弟（ダニエル）との４人家族。

夕食後、マイケルに呼ばれたサマンサとダニエル。マイケルはパソコンで２人にある写真を見せてくれました。

川村 宏一先生
早稲田アカデミー　教務部中学課
上席専門職

2015年１月某日

Michael ：Look at this picture.
マイケル：この写真を見てごらん。

Daniel ：Great!　What a wonderful picture. …①
Where was this picture taken? …②
ダニエル：すごい！　なんてきれいな写真なんだろう！
どこで撮った写真なの？

Michael ：It was taken at the Great Wall of China.
マイケル：中国の万里の長城だよ。

Samantha：Who took this picture?
サマンサ ：だれがこの写真を撮ったの？

Michael ：Sam did. He is a friend of mine.
He is fond of taking pictures very much. …③
マイケル：友人のサムだよ。
彼は写真を撮るのが大好きなんだよ。

今回学習するフレーズ

解説①	感嘆文 What a(am)+形容詞 +名詞(+主語+動詞)!	「なんて～なんだ」と驚きを表す表現 (ex) What a pretty cat it is! 「なんてかわいい猫なんだ！」
解説②	Where～?	場所を尋ねるときに使う疑問詞 (ex) Where did you buy this watch? 「どこでこの時計を買ったの？」
解説③	is fond of～ing	「～するのが好きだ」 (ex) My father is fond of playing tennis. 「父はテニスをするのが好きだ」

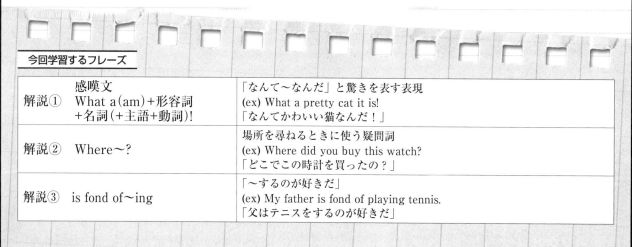

明るい高校生活、輝かしい未来のために
早稲田アカデミー大学受験部が「高校進学、その先」を紹介します。

ハイスクールナビ

久津輪 直／
早稲田アカデミー大学受験部
統括副責任者

入試問題研究に裏打ちされた授業計画と、徹底的な教材分析に基づく緻密な授業のみならず、第一志望合格を勝ち取るまでのプロデュース力で多くの生徒を合格へと導いています。

いよいよ間近に迫った高校入試。早稲田アカデミーで「本気」を出し切って、第一志望校合格を勝ち取ることを願っています。

スタートダッシュに成功した生徒ほど、その後の成績が伸びます!

ある高校に入学した高校１年生。同じ入試問題を解き、合格したわけですから入学時の学力はほぼ同じはず。しかし、７月の期末試験のころには大きな差がついているのが現実。例えば、高校入学した当初は偏差値 55 程度だったのに、65 程度まで上昇する生徒と 45 程度まで下降する生徒に分かれてしまいます。その後それぞれのゾーンに分かれた生徒たちは、そのあたりで変動することになりなかなか抜け出すことができないことが多いです。そして、高校３年生になるころには、差がさらに大きく開いてしまっていることになります。

高校合格直後から勉強のペースをつかみ着実に実力をつけていった生徒、高校での勉強方法がなかなか身につかずに最後まで尾を引いてしまった生徒。どこで差がつくのかと問われれば、スタートダッシュということになります。

右の図は、高１の最初の定期テストで上位層にいたＡ君、中位層にいたＢ君、下位層にいたＣ君の、成績の伸びの違いを表しています。

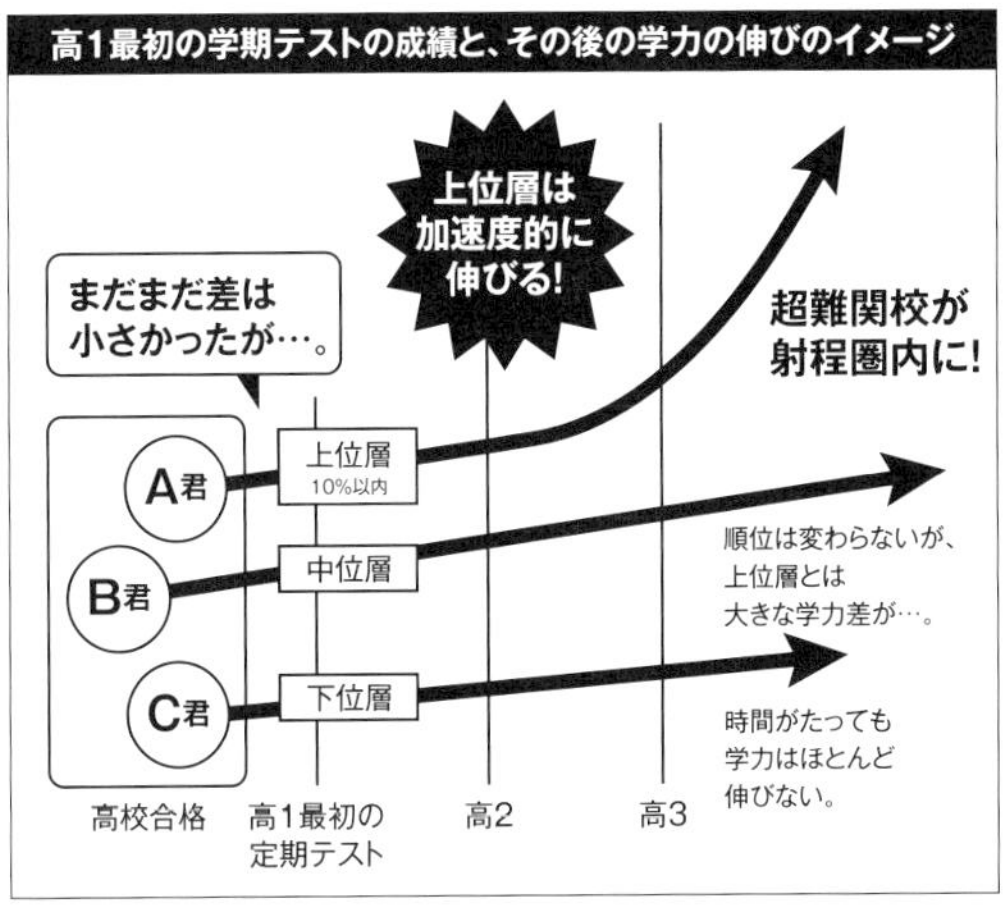
高1最初の学期テストの成績と、その後の学力の伸びのイメージ
上位層は加速度的に伸びる!
まだまだ差は小さかったが…。
超難関校が射程圏内に!
A君
B君
C君
上位層
10%以内
中位層
下位層
順位は変わらないが、上位層とは大きな学力差が…。
時間がたっても学力はほとんど伸びない。
高校合格
高1最初の定期テスト
高2
高3

３人とも同じ高校ですから、合格時の学力差はそんなになかったはずですが、高３の秋には差が大きくついてしまったことがわかります。

合格直後から勉強のペースをつかみ、着実に実力をつけていったＡ君と、高校での勉強方法がなかなか身につかず、そのつまずきが最後まで尾を引いてしまったＣ君。スタートダッシュの大切さがおわかりいただけるのではないでしょうか。

早稲アカ春期講習会でスタートダッシュ!

早稲田アカデミー大学受験部の春期講習会は４日間× 90 分の授業となり、４月以降に高校で学習する内容を先取り学習していきます。春期講習会で学習する内容は、高校入学後６月ごろまでに学習する単元をまとめて学習していきます。英語は、暗記に頼りがちであった中学英語からの脱却をめざします。未知語の処理で「知っている」「知らない」というレベルではなく文構造や文脈理解からの類推といったことを文法、読解の両分野で貫き、思考力を錬成していきます。数学は、中学で学んだ数式分野を一気に拡張します。２次式から３次式、さらに高次式へ。図形分野だけではなく、さまざまな命題の証明まで、高校数学の根幹となる基礎がこの春期講習会の中に登場し、大学受験にも役立つ“支柱”を構築します。

□英語

クラス	学習内容
TWbooster	All English・総合
TW α	論理展開の活用
TW β	英語の要素・機能・配列・論理
T	論理展開の活用
SK	５文型・SV の発見
R	５文型

□国語

クラス	学習内容
TW	現代文演習・古文の読解
TS	古典文法入門

□数学

クラス	学習内容
TW	様々な関数［数Ⅲ］　※中高一貫校生対象
T α	大学入試数学入門　因数分解［数Ⅰ］
T β	大学入試数学入門　集合と論理［数Ⅰ］
SK	大学入試数学入門　因数分解［数Ⅰ］
R	大学入試数学入門　因数分解［数Ⅰ］
JS	二次関数と方程式　［数Ⅰ］　※中高一貫校生対象

※ TW クラスは S18 池袋校・S18 御茶ノ水校・S18 渋谷校・S18 たまプラーザ校で実施します。

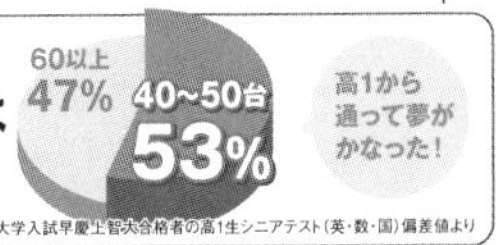
60以上
47%
40~50台
53%
高1から通って夢がかなった!

みんなの数学広場

問題編

答えは次のページ

初級～上級までの各問題に生徒たちが答えています。
どの生徒が正しい答えを言っているか当ててみよう。
もちろん、当てずっぽうじゃなく、実際に問題を解いてみてね。

TEXT BY かずはじめ
数学を子どもたちに、楽しく、わかりやすく、使ってもらえるように日夜研究している。
好きな言葉は、"笑う門には福来る"。

上級

次の３つの数の特徴を考えて、この３つの数（ほかにも多数あります）の名前を正しく述べているのはだれでしょう。

6、28、496

A 答えは…

創造数

法則を新しく作ったから。

B 答えは…

完全数

欠点がないから。

C 答えは…

函数

そんな感じがする。

中級

333^{333} の1の位はいくつでしょうか。

A 答えは…

9

サザンが9ですよ。

B 答えは…

7

ラッキー7じゃない？

C 答えは…

3

だって3ばかりだし。

初級

次の4つの計算の答えについて、正しく述べているのは？

① 0!×1!×2!×3!×4!

② 18億÷625万

③ 2!×3!×5!÷5

④ 72の約数の総和

A 答えは…

4つとも答えは同じ！

B 答えは…

1つだけ答えがほかの3つと異なる。

C 答えは…

2つだけ答えが一致する。

解答編

上級

正解は B

完全数とは、その数自身を除く**約数**の和が、その数自身と等しい**自然数**のことで、簡単に言えば、 約数の総和＝元の数の２倍 です。
６の約数の総和は1＋2＋3＋6＝12　これは元の6の２倍です。
28の約数の総和は1＋2＋4＋7＋14＋28＝56　元の28の２倍ですね。
完全数はすごいですね。

A

まあ、6 はそうかもしれないね。

B

C

それは関数の昔の言い方だよ。

中級

正解は C

3□の形をしている数を「3の累乗《るいじょう》」と言います。
これを実際に書き出すと
$3^1=3$　$3^2=9$　$3^3=27$　$3^4=81$　$3^5=243$　$3^6=729$　$3^7=2187$…。
この１の位に注意すると、3、9、7、1を繰り返していることがわかります。
したがって、333乗は、333÷4＝83余り1ですから、$3^1=3$と同じになり、
333^{333}の１の位は3になります。

A

九九じゃないよ！

B

ラッキーって…。

C

初級

正解は **B**

実際に計算してみましょう。

①の4!とは、「4の階乗」と言い、4から1までかけ算した値になります。

したがって、$4!=4\times3\times2\times1=24$です。

同じように$3!=3\times2\times1=6$、$2!=2\times1=2$、$1!=1$です。

では、0!は？　じつは0ではありません。

$0!=1$と定められているのです。

ということで

$0!\times1!\times2!\times3!\times4!=1\times1\times2\times6\times24=288$になります。

②は18億÷625万$=\frac{1800000000}{6250000}=\frac{180000}{625}=288$です。

③は①と同じように、$2!\times3!\times5!\div5=2\times6\times120\div5=288$です。

④の72の約数の総和は、実際に書き出して足すのもいいですが、公式を使ってみると$72=2^3\times3^2$ですから$(1+2^1+2^2+2^3)\times(1+3^1+3^2)=15\times13=195$

になります。これにより、④だけ答えが異なることがわかります。

A

ちゃんと計算した？

B

C

0! ＝ 0 じゃないんだ。

世界の先端技術

search

発電鍋

教えてマナビー先生！

今月のポイント

鍋を沸かす熱の効果で発電し
色々な機器を充電できる
災害時とても役立つ優れもの

左にあるのが発電鍋の1つ「ワンダーポット20」。鍋を沸かす熱で右側のスマートフォンやタブレットをいくつも充電できる（写真提供=TESニューエナジー）

寒くなったね。こたつに入って暖まりながらつつく鍋がおいしい季節だ。

ところで、災害などで急に停電になったらどうだろう。私たちは電気のおかげで大変便利な生活を送っている。停電になったらもう大変、色々なことができなくなってしまう。

今回紹介するのは、そんなときにも便利な「発電鍋」だ。鍋料理を楽しみながら発電もしてしまうというからすごい。

一見したところ普通の鍋なんだけど、ちょっと違うのは取手のところから電気を取り出すコードが出ている。使い方も、鍋におでんなど料理したいものを入れて火にかけるだけだ。火をつけると5秒もしないうちに発電が始まる。

そんなに大量の電気を得ることはできないけれど、スマートフォンやタブレットなど、停電時に情報を得るのに必要な機器の電源を充電するには十分な電力を得ることができる。付属品を使うと100Vの電気も得ることができるので、一般の電気製品であまり電力を必要としない製品なら十分動かせる。

さて、発電機はどんな仕組みなのだろうか。

▶マナビー先生

日本の某大学院を卒業後海外で研究者として働いていたが、和食が恋しくなり帰国。しかし科学に関する本を読んでいると食事をすることすら忘れてしまうという、自他ともに認める"科学オタク"。

基本は「ゼーベック効果」という、金属などで両端の温度が違うと電圧が発生するという原理を使っている。鍋の底はガスの炎などにより400度程度に熱せられる。鍋の内部には水が入っているので、水の沸騰する100度より高い温度にはならない。この鍋の外側と内側の温度差300度をゼーベック効果によって電気に変換しているのだ。

この温度差利用だけど、現在熱として捨てられているエネルギーは、じつはかなり多いんだ。発電鍋のように、いまは捨てられている熱をゼーベック効果によって効率よく電気に変えようと、研究者たちは研究を続けている。日本の研究者により、カーボンナノチューブなど新しい素材にも高いゼーベック効果を生み出す方法が発見されてもいる。

もともとは災害時のために作られた発電鍋だけど、電力の乏しい海外の国の役にも立っている。

例えば友だちと山にキャンプに行ったときに、鍋を囲んで楽しく料理を食べながら、鍋で発電し、充電したスマートフォンで家で待っている家族にキャンプの様子を伝えるなんて、考えるだけで楽しいね。

Bungou Retsuden

古今文豪列伝

第3回

島崎藤村《しまざきとうそん》

Toson Shimazaki

島崎藤村は明治、大正、昭和前期を代表する作家、詩人だ。

本名は春樹。１８７２年（明治5年）、信濃・木曽馬籠《まごめ》（現岐阜県中津川市）の庄屋の家に生まれた。父は国学者で土地の名士だった。9歳のときに上京、伯父の家に寄宿しながら、いくつかの学校を経て明治学院（現明治学院高等学校）に入学、一時はキリスト教の洗礼も受けた。

卒業後はいくつかの学校で英語教師をしたり、翻訳を『女学雑誌』に投稿するなどしていたが、25歳のときに仙台（宮城県）の東北学院（現東北学院高等学校）の教師となって赴任、翌年、処女詩集『若菜集《わかなしゅう》』を発表して文壇にデビューした。この作品は、現在では明治浪漫《ろまん》主義の到来を告げたものといわれている。

その後、『一葉集《いちようしゅう》』『夏草』『落梅集《らくばいしゅう》』を発表、詩人としての地位を確立したんだけど、なぜか、このあと、詩作からは離れてしまう。歌曲としても広く知られている「椰子《やし》の実」は藤村の作詞で、『落梅集』に収められているんだ。

その後、長野県で英語教師をしていたんだけど、１９０５年（明治38年）、再び上京。翌年、初の小説『破戒《はかい》』を自費出版し、これが大きな反響を呼び、自然主義文学の草分けといわれるようになる。

さらに『並木』『春』『家』『千曲川《ちくまがわ》のスケッチ』などを発表。

早稲田大の講師をしながら、１９１７年（大正6年）からは『新生』を『東京朝日新聞』に連載し、１９２９年（昭和4年）からは『夜明け前』を『中央公論』に連載した。

１９３０年（昭和5年）には日本ペンクラブを結成して、初代会長となったんだ。

１９４３年（昭和18年）に神奈川県の自宅で脳溢血《のういっけつ》のため死去、71歳だった。

藤村は詩人、作家としては一流とされたけど、家庭的には複雑だった。実父が逮捕されて獄死したり、実兄も逮捕されたことがあった。また、女性関係でも教え子や姪などと親密になったり、そのためにフランスに逃避したこともある。さらには実の娘3人が栄養失調で相次いで亡くなってもいる。そうした悲劇も、藤村の小説に反映されている。

藤村は浪漫主義、自然主義の2つの面を持つけど、彼の小説は人間の苦悩を追求しているともいわれるんだ。

『破戒』
670円＋税
新潮文庫

今月の名作　～島崎藤村　『破戒』～

1905年（明治38年）に自費出版された長編小説。被差別部落出身の小学校教師である主人公は、その出生に苦しみ、ついに児童の前で、事実を告白してしまう。藤村の小説転向の第1作。重いテーマで、自然主義文学の代表作といわれる。

先輩に聞け！

大学ナビゲーター

慶應義塾大学

総合政策学部
総合政策学科　3年
原田《はらだ》　知幸《ともゆき》さん

研究会での学習を通して
将来の仕事に役立つ
さまざまなことを学んでいます

文系も理系も幅広く学べるカリキュラム

——慶應義塾大の総合政策学部を志望した理由を教えてください。

「地元の国公立大の理系学部を漠然とめざしていましたが、部活動を引退して、将来のことを真剣に考えるようになったとき、自分の興味のある分野は理系にはないと気づき、文転しました。

　実家が会社を経営していることもあり、経営学や経済学について学べたらいいな、という思いはありましたが、学びたい分野が明確にあるわけではありませんでした。その点、慶應義塾大の総合政策学部は、広く浅く色々なことを学べて、そのなかから興味のある分野を掘り下げていけるので魅力的でした。」

——総合政策学部はどのような学部ですか。

「学部名からは、文系学部のイメージがあるかもしれませんが、文系と理系、両方の側面を持つ学部です。そのため、外国語のほかに、プログラミングも必修科目として設定されています。

　現在は研究会での学習が中心ですが、これまで経済学や近代史などさまざまな講義を履修してきました。例えば、民法の講義では、広く浅く学べる学部だからこそ、最初から難しい内容を扱うのではなく基礎から丁寧に教えてくれるので、法律のおもしろさがよくわかりました。また、組織戦略の講義では、企業で活躍する方々をゲストスピーカーとして招き、社会人になってから役立つ情報を聞くことができたので勉強になりました。」

——研究会について教えてください。

「周囲の人とうまくつきあうために必要なスキル（ライフスキル）や、そのスキルをスポーツを通してどう身につけるか（スポーツコーチング）を学ぶ研究会に所属しています。

講義とグループワークが半々の割合で、グループワークでは、『理想のコーチングとは』、『サッカーチームの試合に出られない小学生のモチベーションをどうあげるか』などについて、メンバー間で意見をまとめ、発表しています。

　また、研究会で学んだことをふまえながら卒業プロジェクトにも取り組んでいきます。総合政策学部にはデザインやプログラミングを行う研究会も存在するので、卒業論文や卒業制作をまとめて卒業プロジェクトと呼んでいるんです。

　100以上ある研究会からここを選んだのは、『中・高で野球部のキャプテンを務めていた』、『スポーツが好きだった』という理由からでしたが、学んだことが将来の仕事に活かせると感じているので、この研究会に入ってよかったです。」

——キャンパス内におすすめの場所はありますか。

「『鴨池』という大きな池の周りには芝生があり、ひなたぼっこをしたり、お昼を食べたりとのんびり過ごすことができます。学生たちは鴨池で過ごすことを『カモる』と呼んでいて、『カモりにいこう』という会話が交わされています。」

——今後について教えてください。

「4年生はさらに研究会での学習が深まりますし、卒業プロジェクト用の論文の執筆も進めていきます。私は、体罰は怒りから生じるものとして、大学生のうちに感情をコントロールする術を身につけることで、大学生が指導者になったときに体罰がなくなるのでは、というテーマについて研究しています。論文のタイトルは『将来の指導者である大学生におけるアンガーマネジメントを用いた体罰の予防と解決案』です。

　インターンに参加するなどして、卒業後のことも徐々に考え始めています。自己成長できるような企業に就職し、多くのことを吸収したいと思っています。」

▲野球サークルのみなさん。

▼サークルの合宿で打席に立つ原田さん。

【にぎやかで楽しいサークル】

プレーヤーが約50人、マネージャーが約20人いる、にぎやかな野球サークルに入っています。人数が多いぶん、年に3回ある合宿では、サークル内でいくつかチームを作って対戦したりと、楽しく活動しています。年間で1番大きな大会は、慶應義塾大に存在する野球サークル約20チームが、優勝をめざして対戦する「塾内トーナメント」です。去年は私たちのチームが優勝しましたが、今年は最終的に優勝したチームと初戦であたったため、早々と敗退してしまい残念でした。

【両立の秘訣は授業に集中すること】

中1の12月ごろから塾に通っていました。塾のテキストを一生懸命こなし、先生から丁寧な説明を受けていくなかで、苦手だった英語を克服することができました。

また、勉強と部活動を両立するために、提出物などにはきちんと取り組み、学校では学校の授業に、塾では塾の授業に、とつねに授業に集中することを心がけていました。

【息抜きは友だちとのおしゃべり】

通っていた塾は和気あいあいとした雰囲気で、周りもとてもいい子ばかりだったので、居心地がよかったです。休み時間にしゃべったり、たまにふざけたりするのが、いい息抜きにもなっていました。同じ高校をめざす5人で模試を受けに行ったときも、「みんなでいい点数を取ろう！」と全員で意気込んだり、休み時間の友だちとの会話で緊張がほぐれたりと、色々なことがいい思い出になっています。

【受験生へのメッセージ】

高校受験も大学受験も、自分で進路を選んできたので、みなさんにも自分が納得した道を歩んでいってほしいです。周りの意見だけを参考にして志望校を決めてしまうと、入学してからうまくいかないこともあると思うので、自分自身とよく向きあって、自分に合う学校を選んでください。

もしも勉強する気にならないときは、得意科目から取り組んでみるのがおすすめです。私も部活動を引退したあとなかなか受験モードに切り替えられなかったときは得意な数学から取り組んでいました。

春日 静
中学1年生。カバンのなかにはつねに、読みかけの歴史小説が入っている根っからの歴女。あこがれは坂本龍馬。特技は年号の暗記のための語呂合わせを作ること。好きな芸能人は福山雅治。
山本 勇
中学3年生。幼稚園のころにテレビの大河ドラマを見て、歴史にはまる。将来は大河ドラマに出たいと思っている。あこがれは織田信長。最近のマイブームは仏像鑑賞。好きな芸能人はみうらじゅん。
ミステリーハンターQ（略してMQ）
米テキサス州出身。某有名エジプト学者の弟子。1980年代より気鋭の考古学者として注目されつつあるが本名はだれも知らない。日本の歴史について探る画期的な著書『歴史を掘る』の発刊準備を進めている。

ミステリーハンターQの歴男歴女養成講座

普通選挙法成立

1925年（大正14年）の普通選挙法の成立から90年。それ以前は、限られた国民しか選挙権がなかったんだ。

静 今年は1925年（大正14年）に普通選挙法が成立してから90年になるのね。

MQ 護憲派と言われた加藤高明内閣のときに成立したんだね。

勇 それまではどういう選挙だったの？

MQ 日本で初めて衆議院選挙が行われたのは第1回帝国議会が開かれた1890年（明治23年）で、直接国税を15円以上収めた25歳以上の男子に限られていたんだ。

静 国民すべてが投票できたわけじゃないのね。

MQ そう。選挙権があったのは国民の1・1％にすぎなかったんだ。その後、納税額は引き下げられたけど、1920年（大正9年）段階でも、国民の5・5％しか選挙権がなかった。

勇 5・5％!? それはずいぶんと不公平だね。

MQ このため、各地で普通選挙（普選）運動が起こり、加藤内閣は普選を公約にして登場したんだ。

静 じゃあ、だれでも選挙権を持つことができるようになったの？

MQ 日本国籍を持ち、国内に住む満25歳以上の男子なら、だれでも選挙権を持つことができるようになった。男子のみだけど、納税額は関係なくなったんだね。この結果、国民の20・1％、約1240万人が選挙権を得た。

また、被選挙権も原則として満30歳以上の男子に与えられることになった。

普選によって、社会変革が起こることを恐れた枢密院《すうみついん》の圧力もあって、この年、治安維持法も成立したんだ。

勇 普選が実施されたのはいつのことなの？

MQ この選挙法に基づく選挙は1928年（昭和3年）の第16回総選挙からだね。中選挙区制で、定員は466議席だった。

静 でも、女性にはまだ選挙権や被選挙権はなかったのね。

MQ そうだね。選挙権を要求する女性たちは「婦人参政権獲得期成同盟会」を組織して運動を展開したけど、なかなか実現しなかった。

女性に選挙権、被選挙権が与えられるのは、太平洋戦争が終わった1945年（昭和20年）12月、連合国軍総司令部（GHQ）による指示で、普通選挙法が改正されてから。

これによりすべての20歳以上の日本人の男女に選挙権が与えられることになったんだ。

投票箱

あれも日本語 これも日本語　NIHONGO column no.60

「魚」にちなむ慣用句 上

今回は魚にちなむ慣用句を調べてみよう。

「逃がした魚は大きい」は、一度は手に入れた獲物を逃がしてしまうと、実際よりも大きいものだったと思えること。あるいは逃がした腹いせで、大きかったと残念がることだ。似ている慣用句に「大魚を逸する」がある。こちらは、大きな利益や獲物を失うこと。

「魚心《うおごころ》あれば水心《みずごころ》」は、相手が自分に好意を持てば、自分も相手に好意を持って対応する、という意味。似ている慣用句に「水を得た魚のよう」があるが、これは自分のやりたい仕事や環境が与えられ、活躍することをさす。「勉強はいまいちだけど、彼はスポーツは得意。体育の時間は水を得た魚のようだ」なんて使う。

「水魚の交わり」は、魚は水がなくては生きていけないことから、その人がいないとやっていけないほど、密接な関係をいう。

「尾ひれをつける」は本体に余分なものをつけるという意味から、誇張して話したり、事実でないことをつけ加えることだ。「彼の話はいつも尾ひれがつくから、信用できない」なんて言うね。

「雑魚寝《ざこね》」は小さい魚が所狭しと並べられている様子から、多くの人が雑然と寝ることをいう。「個室が空いてなくて、大部屋でみんなで雑魚寝した」なんて感じかな。

「腐っても鯛《たい》」。タイは魚の王様。そこから、本来優れた人物、あるいは品格のある人物は、少々、状況が悪くなっても、本来の優秀さや品格を失わない、というたとえだ。

「海老《えび》で鯛を釣る」はそのタイをエビのような小さな餌で釣ること。そこから、少しの投資や努力で大きな利益や成果を生むことをいう。

「鯛の尾よりも鰯《いわし》の頭」は、優秀な集団でビリになるよりも、たいしたことのない集団でもトップになった方がいいという意味。ビリになることを戒めているんだ。

「鰯の頭も信心から」は、イワシの頭のようなつまらないものでも、信仰の対象になると立派なものに見えてくるというたとえ。なんでも信仰の対象になるということを皮肉っているんだね。

魚にちなむ慣用句、次回も続くよ。

あたまをよくする健康

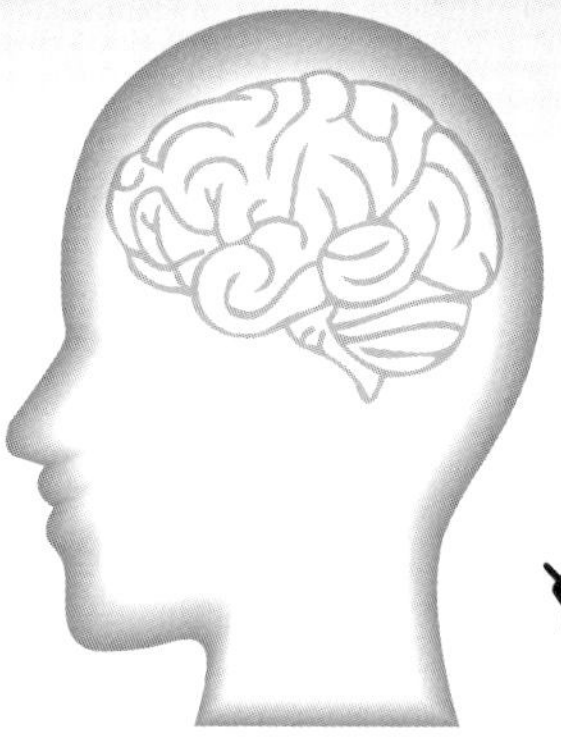

ナースであり
ママであり
いつも元気な
FUMIYOが
みなさんを
元気にします!
by FUMIYO

今月のテーマ

肺活

ハロー！　Fumiyoです。最近、「温活」や「涙活」など、健康に過ごすための色々な試みが「○○活動＝○活」と呼ばれているのを知っていますか？　今回は、私たちの持っている肺機能を最大限に使って、さらなる健康をめざすこと＝「肺活」についてみていきましょう。

では、さっそく質問です。みなさん、普段、肺を使っていますか？　息をしないと死んでしまうのだから、みなさんもちろん「使っています」と答えますよね。では次に、肺を意識して使った場面を考えてみてください。「深呼吸をしたときに使いました」という人や、「息はしているけれども、あまり使っているという実感はない…」という人が多いのではないでしょうか。

筋肉には、自律神経によってコントロールされていて、自分の意志によって動かすことのできない「不随意筋」と、運動神経によって支配されていて、意識的に動かすことのできる「随意筋」があります。

この２種類のうち、自分の意志で動かすことのできる随意筋に働きかけ、肺を動かしていくと、さまざまな効果が得られます。肺を意識的に動かすこととは、つまり、深呼吸をすること。深呼吸には、どのような効果があるのかご紹介します。

①リラックス効果

深呼吸には、身体を落ち着かせる働きのある副交感神経を優位にし、緊張していた身体をリラックスモードに切り替える効果があります。心のなかにある不安な気持ちも減り、精神も安定するため、夜寝る前に行えば、スムーズな睡眠へとつなげることもできます。

②健康状態を保つ

たくさんの酸素を身体の隅々まで届けることができるので、細胞が活性化されます。また、受験勉強などでストレスが溜まると、交換神経が優位になりがちですが、①で説明したように、深呼吸には副交感神経を優位にする働きがあるので、交換神経と副交感神経をバランスよく保ち、健康な状態をキープすることができます。

③基礎代謝アップ

深呼吸をすることで、内臓にも刺激が与えられるので、基礎代謝がアップし、脂肪燃焼効果も得られます（なにもしなくても消費されるカロリーのことを基礎代謝と言います）。また、腸の動きも活発になり、便通もよくなると言われています。

いつの間にか背中を丸めて歩きたくなるこれからの寒い時期、深呼吸を生活のなかに取り入れて、心身ともに健康に過ごしましょう！　LET'S　肺活！

Q1

深呼吸をするときに使われている筋肉は何種類あるでしょうか。

①１種類　②２種類　③３種類以上

正解は、③の３種類以上です。

横隔膜や外肋間筋など、深呼吸をするときには、さまざまな呼吸筋（呼吸をするときに使う筋肉の総称）を使っています。

Q2

安静にしているとき、１分間に何回呼吸しているでしょうか。

①6～12回　②12～20回　③20～24回

正解は、②の12～20回くらいです。

ただし、これは成人の場合で、赤ちゃんのころは35～50回と多く、大人になるにつれて肺も発達し、１回の呼吸で換気できる空気の量が増えるので少なくなっていきます。

SUCCESS NEWS

サクニュー!! ニュースを入手しろ!!

産経新聞編集委員
大野 敏明

今月のキーワード
衆議院解散

◀PHOTO
衆院解散／記者会見する安倍首相
（2014年11月21日、東京・首相官邸）
写真：時事

2014年（平成26年）11月21日、衆議院が解散され、12月2日に総選挙が公示され、14日に投開票が行われました。結果はみなさんご承知の通り、自民党、公明党の与党の勝利でした。そこで、今回は衆議院の解散についてみてみましょう。

衆議院は任期４年ですが、憲法69条には、内閣は衆議院において、内閣不信任案が可決されたり、信任案が否決されたときは、10日以内に衆議院を解散しない限り、総辞職しなければならない、と決められています。

しかし、首相は国会で国会議員のなかから選ばれるので、不信任案が可決されたり、信任案が否決される可能性はほとんどありません。そうすると、政府の政策などに対する民意を反映する機会が減ることになるため、憲法７条の、天皇は内閣の助言と承認によって、衆議院を解散する、とした規定を援用して、首相が解散を決めることができると解釈されています。これを７条解散といいます。今回は、消費税10%の先送りなどについて民意を問うとした７条解散です。

衆議院解散は首相の専権事項とされ、伝家の宝刀などといわれます。与党としては、国民の自分たちへの支持が高いと判断したら、解散して、議席を増やすことを期待できます。逆に、内閣の人気が低いときは、議席減を最小限に食い止めるために、解散するという選択もありえます。憲法では解散から40日以内に選挙をすることが決められています。

衆議院の選挙権は満20歳以上、被選挙権は満25歳以上です。

現在の衆議院の定数は475議席。選挙は１選挙区から１人を選出する小選挙区と、全国を11のブロックに分けた比例区で行われます。

小選挙区からは295人、比例区からは180人が選出されます。有権者は小選挙区では候補者名を書きますが、比例区では届け出がなされた政党名を書きます。

比例区では政党の得票に応じて、ドント方式と呼ばれる方式で、当選者数を出し、名簿の順位順に当選者が決まります。小選挙区で立候補している人の多くは比例区にも重複立候補しているため、名簿の同一順位の場合は、小選挙区で落選した候補者のなかで、惜敗率と呼ばれる率が高かった人から当選者を決めます。ちょっとややこしい制度ですね。

総選挙が終わると、30日以内に特別国会を召集しなくてはなりません。また、衆議院選挙と同時に、最高裁判所裁判官の国民審査も行われます。

今月の1冊

サクセス書評

2月号

『跳びはねる思考 会話のできない自閉症の僕が考えていること』

うまく会話はできなくても心は高く舞いあがる

『跳びはねる思考 会話のできない自閉症の僕が考えていること』

著／東田 直樹
刊行／イースト・プレス
価格／1300円+税

「自閉症」という言葉を聞いたことはあるだろうか。まだ謎は多いのだけれど、先天性（生まれつき）の脳機能障がいとされていて、そのために他者とのコミュニケーション能力などに障がいがあったり、ある特定の行動にこだわったりといった精神障がいの一種なんだ。

自閉症の人を「自閉症者」という。症状の種類や重さは自閉症者ごとに違い、重度の人の場合は、ほかの人とのコミュニケーションがとれないということもあるようだ。

そんな重度の自閉症者でありながら、作家として、創作活動や講演会を行っている人がいる。

それが、今回紹介するエッセイ集『跳びはねる思考』の著者、東田直樹さんだ。

このエッセイ集の章と章の間にはさまれたインタビューを読むとわかるのだが、東田さん自身、話の途中で全然関係ないことが口をついて出てきたり、立ちあがったり寝そべったりする。

でも、だからといって普段考えていることが私たちとまったく違うのか、というとそんなことはないんだということが、この本を読むとよくわかる。

むしろ、ものの見方、考え方、感じ方に感心させられることが多いのではないだろうか。自閉症者が急にする、私たちから見ると突飛に見える言動も、彼らなりに意味があるということも説明されている。

世界には（みんなが通っている学校でも）たくさんの人がいて、その人たちは外見的にも内面的にも人それぞれに違いを持っていて、それを尊重することがますます大切な世の中になっている。

でも、そんなことをついつい忘れて、自分と違う、周りと違う人のことを許容できなくなってしまいがちだ。

本の帯には「たとえ、うまく話せなくても、心には、言葉を持っているのです。」と書かれている。東田さんの心の言葉に耳を傾けてみると、物事に対して、これまでとは違った角度から見たり感じたりできるようになれるかもしれないよ。

友だちと過ごす大切な時間

リンダリンダリンダ

2005年／日本
監督:山下敦弘
『リンダリンダリンダ』
DVD発売中
4,800円+税
発売元:バップ

ガールズバンドの夢はかなう?

学校行事のなかでもビッグイベントである文化祭。本番はもちろん、準備をする時間もわくわくして楽しいですよね。

そんな文化祭に向けてガールズバンドを組んでいた５人の高校生がいました。しかし、本番３日前、ある事情からギターとボーカルが抜けてしまったから大変！　残されたドラムの響子、キーボードの恵、ベースの望は、ステージに立つことを諦めきれず、だれでもいいからと、通りかかった韓国人留学生のソンにボーカルをお願いし、ギターは恵が担当することに。曲目はブルーハーツの「リンダリンダ」です。よく意味もわからないままボーカルを引き受けてしまったソン。いったいどうなるのでしょうか。

日本になじめず、友だちのいなかったソンが、バンドを通して３人と友情を育んでいく様子を見ていると、友だちの大切さに改めて気づかされます。いっしょに笑いあえる友だちがいるから、学校での何気ない時間も楽しくなるのです。文化祭に向けて一生懸命になる姿、練習の合間にする恋の話など、高校生のリアルな日常に、みなさんも共感できるはず。

マイ・フレンド・メモリー

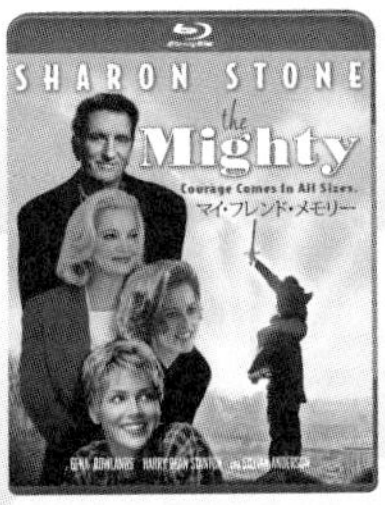

1998年／アメリカ
監督:ピーター・チェルソム
『マイ・フレンド・メモリー』
Blu-ray発売中
2,381円+税
発売元:ワーナーホームビデオ

友情が少年を成長させる

仲良くしている友だちとは、なんだか似てきたり、影響を受けたりしますよね。本作の主人公マックスもそうでした。

身体は大きいけれど学習障害を持っている13歳のマックス。母親を亡くし、父親はある罪で服役中ということもあり、学校ではいじめにあっていました。そんなある日、祖父母と暮らすマックスの家の隣に、難病を患う同年代のケビンが引っ越してきました。病気で身体が不自由なケビンですが、賢く、明朗闊達《かったつ》な性格です。そんな正反対な性格にもかかわらず２人は次第に仲良くなっていきます。

最初はマックスの逞《たくま》しい身体とケビンの頭脳を合わせて一人前だった２人。しかし、お互いに影響を受け、それぞれに大きく成長する姿を見ていると、友情のすばらしさを感じます。

しかし、着実にケビンの病状は進行し、一方、マックスの前には突然父親が姿を現します。２人はどうなってしまうのでしょうか。

お互いに足りない部分を補い助けあいながら、ともに成長していけるのが友だちなのだと気づかせてくれる作品です。

ボクたちの交換日記

2013年／日本
監督:内村光良
『ボクたちの交換日記 通常版』
Blu-ray発売中
4,700円+税
発売元:NBCユニバーサル・エンターテイメント

交換日記が綴《つづ》る男の友情

みなさんは交換日記をしたことがありますか。言葉にできない思いも文章でなら伝えられるかもしれません。この物語の主人公甲本と田中も交換日記で本音を語りあっていきます。

高校の同級生であり、元水泳部の仲間である彼らは「房総スイマーズ」というお笑いコンビを組んでいました。しかし、結成12年、30歳を目前にしてもまったく売れません。コンビといってもあまり会話もなく、親友と呼ぶ間柄でもありません。そこで売れない現状を打開するべく、本音をぶつけあい、コンビのきずなを深めようと、甲本の呼びかけで交換日記を始めるのでした。乗り気ではなかった田中ですが、次第に日記を通して気持ちを打ち明けていくようになります。

素直な思いを口に出すことのない彼らは一見仲が悪そうに見えてもどかしく感じます。しかし、お互いを大切に思い、じつは深いきずなで結ばれている男同士の友情が次第に切なく心に響いてきます。甲本を演じる小出恵介と田中を演じる伊藤淳史の俳優２人による、息の合ったコントにも注目です。

なんとなく得した気分になる話

生徒　先生

身の回りにある、知っていると
勉強の役に立つかもしれない知識をお届け!!

おはぎとぼたもちの違いは?

先生なに食べてるの?

あんぱんだよ。

なにあんぱん?

「なにあんぱん」ってどういう意味だい?

粒あんとか、こしあんとか、抹茶とか。

このあんぱんは…粒だな。

歯にはさまるやつね。だから、ぼくはこしあんが好きなんだ。

そんな理由か。世の中でも、つぶあんかこしあんかの議論はあるみたいだからね。まあ人それぞれだ。

先生、逃げたね。

うん、逃げるが勝ちだよ。

だいたい、勝負なんて最初からしてないから、そもそも逃げるもなにもないけどね。

君から言い出しておいて…。それはそうと、あんぱんは、どうやら日本発祥らしい。

へえ〜。待ってました! うんちく王!

コラッ、おだてるな! でも、おだてられるのもまんざら悪くないな…。明治の初期に木村安兵衛親子がおまんじゅうをヒントに発案したらしい。

そんなに古いんだ。歴史があるね。

120年以上らしいよ。そういえば、先生が高校生のころは、学校の購買部で「あんつけ」というパンが売られていたよ。

「あんつけ」ってなに?

あんぱんのなかにマーガリンを塗ったパンなんだ。あんの甘さとマーガリンのしょっぱさがたまらなかったなあ…。

食べてみたかった。

じつは、最近普通のパン屋さんでも売っているみたいで、先日、思わず見つけて買ってしまった(笑)。

高校時代と同じ味だった?

うん、同じだった。

じゃあ、新商品開発! おはぎにマーガリンは?

ぼたもちにマーガリン?

今度は、おはぎvsぼたもち?

違いがわかるかい?

餅米が外か、あんこが外かの違いでしょ?

ブー! 正解は季節で呼び名が違うだけで、じつは同じだよ。おはぎは萩の花のころ、つまり秋。ぼたもちは、牡丹《ぼたん》の花のころ、つまり春の呼び名だ。

じゃ、夏と冬はなんと呼ぶの?

夏が夜船、冬が北窓らしい。

???

じつは先生も知らなかったんだ。これは難しいし、きっと、そう呼ぶ地域があるんだと思うから、そうらしい…ぐらいで頼む。

おはぎにマーガリン企画はどうする?

見た目がおいしそうに見えないとね。

じゃあ、お好みでおはぎにマーガリンをつけてもらうように、別添えマーガリンにすれば?

あんこの元の小豆の赤色は、昔から難を取り除くと言われているだけに、マーガリンでコーティングはできないな。君が商品化にチャレンジすれば?

買ってくれそうなのが先生だけだから商品化の価値はないね。つまり、このおはぎwithマーガリンには価値もなければ勝ちもない!

じつは君、結構勝負好きなんだね。

先生がそうやってうんちくばかり話して自慢するからね。それに対抗するしかないじゃないか。

自慢じゃない! 先生として知識と教養を、と考えてるのに…。

先生は負けず嫌いなんだよ!

負けるが勝ち! これでどう?

Q 勉強に疲れてきたのか最近あまりやる気が出ません。

これまで、自分なりに一生懸命に勉強してきたつもりです。でも、最近、勉強に疲れてきたのか、やる気が出ません。この状況をどうしたらいいのか自分でもわからず困っています。いったいどうしたらいいのでしょうか。

(川崎市・中2・YM)

A 将来をイメージすることでスランプを乗りきりましょう。

中学2年生で、これまで一生懸命に勉強してきたという自覚があるのは立派です。そして、「勉強に疲れてきた」というのも本音であって、決して誇張ではないと思います。自分としてできることはやってきたからこそ感じることでしょう。

ただ、高校入試までは、十分に時間がありますから、まだ慌てる必要はありません。

いま勉強に対してやる気が出ないのは、勉強することの目的が自分でわからなくなっているからではないでしょうか。勉強は、入学試験を突破するためにするものではありません。将来、自分がどのような生き方をするにしても、基礎的な学力を持ち、高校・大学と学びを続けていくことが、自身の将来を築くいしずえとなるのです。

また、ご質問のように、なんとなく勉強をする気にならないというのはだれにでもあることです。こうした状況を「スランプ」と言ってもいいでしょう。

しかし、スランプは自分で打開するしかありません。目の前の目標である高校入試合格後、高校でなにをしたいのか、どんな高校生活を送りたいのかをイメージしてみましょう。そして、将来、自分が本当にやってみたいことは、どんなことかを考えてみましょう。焦ることなく、将来をしっかりと見つめることで、スランプからきっと脱出することができるはずです。自分を信じて頑張ってください。

Success Ranking

世界の大学ランキング

イギリスの教育専門誌『タイムズ・ハイヤー・エデュケーション（THE）』が毎年発表している「世界大学ランキング」と、上海交通大学高等教育研究院による「世界大学学術ランキング」の上位23大学と、日本の上位３大学を紹介する。どちらのランキングも、日本の大学では東京大が一番上位にきているね。

世界大学ランキング

順位	国	地域
1	カリフォルニア工科大	アメリカ
2	ハーバード大	アメリカ
3	オックスフォード大	イギリス
4	スタンフォード大	アメリカ
5	ケンブリッジ大	イギリス
6	マサチューセッツ工科大	アメリカ
7	プリンストン大	アメリカ
8	カリフォルニア大バークレー校	アメリカ
9	インペリアル・カレッジ・ロンドン	イギリス
9	イェール大	アメリカ
11	シカゴ大	アメリカ
12	カリフォルニア大ロサンゼルス校	アメリカ
13	チューリッヒ工科大	スイス
14	コロンビア大	アメリカ
15	ジョンズ・ホプキンス大	アメリカ
16	ペンシルバニア大	アメリカ
17	ミシガン大	アメリカ
18	デューク大	アメリカ
19	コーネル大	アメリカ
20	トロント大	カナダ
21	ノースウェスタン大	アメリカ
22	ユニバーシティ・カレッジ・ロンドン	イギリス
23	東京大	日本
59	京都大	日本
141	東京工大	日本

世界大学学術ランキング

順位	国	地域
1	ハーバード大	アメリカ
2	スタンフォード大	アメリカ
3	マサチューセッツ工科大	アメリカ
4	カリフォルニア大バークレー校	アメリカ
5	ケンブリッジ大	イギリス
6	プリンストン大	アメリカ
7	カリフォルニア工科大	アメリカ
8	コロンビア大	アメリカ
9	シカゴ大	アメリカ
9	オックスフォード大	イギリス
11	イェール大	アメリカ
12	カリフォルニア大ロサンゼルス校	アメリカ
13	コーネル大	アメリカ
14	カリフォルニア大サンディエゴ校	アメリカ
15	ワシントン大シアトル校	アメリカ
16	ペンシルバニア大	アメリカ
17	ジョンズ・ホプキンス大	アメリカ
18	カリフォルニア大サンフランシスコ校	アメリカ
19	チューリッヒ工科大	スイス
20	ユニバーシティ・カレッジ・ロンドン	イギリス
21	東京大	日本
22	インペリアル・カレッジ・ロンドン	イギリス
22	ミシガン大アナーバー校	アメリカ
26	京都大	日本
78	大阪大	日本

受験情報

東京私立

私立高入学支度金の貸付事業

東京都私学財団では、2015年4月に都内の私立高校に入学する生徒のため、「私立高等学校等入学支度金」の貸付を実施する。この事業は学校が保護者に入学支度金20万円を無利息で貸付けるもので、貸付条件は保護者が都内に在住していて、来春、都内の私立高校、私立特別支援学校の高等部、私立高等専門学校、私立専修学校高等課程(3年制)のいずれかに進学する者。また、入学時に学校に支払う費用すべてが20万円以上であること。

合格発表後、入学時に必要な費用を支払う前に、入学する学校に直接申し込む。

詳細は東京都私学財団(電話03-5206-7926)、または生活文化局私学部私学振興課(テレフォンガイド03-5320-7770)。

東京都立

マークシート方式導入の説明会

都立高校入試の採点ミス問題を受け、都教育委員会は昨年12月初旬、人為ミスを防ぐため試験導入するマークシート方式の事前説明会を開いた。

来春入試でモデル実施する20校の校長、入試担当者らが出席、マークシートの読み取り機を使った新たな採点システムの説明を受け、解答用紙の読み取りや、パソコンで行う記述式問題の採点など、機器の取り扱いを含めた具体的手順を学んだ。出席者も実際に操作し、採点・点検の流れを確認した。

マークシートは国語、数学、英語、社会、理科の試験のうち、選択式問題に導入される。

都教委は試験導入をふまえ、2016年度入試から全都立校での導入を検討する。

15歳の考現学

広がっている高校選択の幅
私立高校選択に有利な状況も

増える私立高校募集拡大校
よく吟味して選択したい

2015年の募集でも高校募集を拡大する私立高校が少なくありません。最大規模は、60名増の城西大城西、50名増の郁文館と日大高。40名増では東京家政学院、聖徳学園などがあります。増加の幅では、数は少ないですが、学習院高の10名を20名、つまり倍増というのもあります。

もっとも反対に減少校もあって、なかでも大きいのが関東国際の40名減、東京都市大等々力の30名減と、八王子の120名減、さらに明星学園と、東京電機大高、修徳が各20名減、中大横浜60名減など。

増加校の多くは、中学受験の減少が理由であり、減少校は中学の開校に伴うものと、推薦入試廃止に伴うものとがあります。減少理由の後者（推薦入試廃止）は東京都市大等々力が、前者（中学校開校）は八王子がこれにあたります。

推薦入試の廃止では、一般入試のみ実施となりますが、学校としては、入学者数の読みが正確になり、学力検査一本となるため入学後の授業はやりやすくもなります。いわば学校がアドミッションポリシーをもって入試に臨んでいるのです。これは学力重視でいわば進学重点校化する施策ですので、中期的にみると大学進学実績上昇によい効果を表します。

こうした強いアドミッションポリシーを示せる学校は、中学入試で「攻め」に出て成功している学校です。

下から十分な生徒がとれて育っていれば、途中から来る生徒には、これだけの学力がないとついていけないよ、と「学力選抜のみのポリシー」というメッセージが出せるのです。

しかし、逆に下からあがってくる生徒が少なければ、高校でそのぶんを多く入れなくてはなりません。

これはアドミッションポリシーというより学校経営上やむをえない方針ですから、後ろ向きの「ポリシーなきポリシー」にならざるをえません。その場合、選抜形式として推薦入試を行わざるをえなくなります。

なぜ少なければ少ないなりに済ます方針がとれないかというと、学校定員に対し、それを維持するように補助金政策がとられているため、一定の生徒以上でも以下でも、補助金が減額されることになるからです。

森上《もりがみ》 展安《のぶやす》

森上教育研究所所長。1953年、岡山県生まれ。早稲田大学卒業。進学塾経営などを経て、1987年に「森上教育研究所」を設立。「受験」をキーワードに幅広く教育問題を扱う。近著に『教育時論』（英潮社）や『入りやすくてお得な学校』『中学受験図鑑』（ともにダイヤモンド社）などがある。
教育相談、講演会も実施している。
HP：http://www.morigami.co.jp
Email：morigami@pp.iij4u.or.jp

そしてその定員は、学園全体を通じてのものなので、中学でとってもよいし高校でとってもよいのです。

　かくして中高一貫校は、中学募集で少なくなったぶんを高校で補う、というスタイルになります。

　ただ多くの女子校にみられる高校募集の拡大は、リーマンショック以降の中学受験人口の大幅減に対応した中長期的な高校受け入れ枠の拡大、といった性格です。

　つまりこれは一時的なものではなく、本格的な高校募集の拡大です。

　そこには単純な募集枠の拡大ではなくクラスやコースに焦点を絞っての対応が見えます。例えば医歯薬系の拡大（２０１１年・広尾学園の医進サイエンスをはじめとして、２０１２年・桐光学園、２０１３年・順天、そして２０１５年度の國學院大久我山など）や、グローバル系コースの拡大（佼成学園女子のスーパーグローバルクラスほか、目白研心、文化学園大杉並、帝京、桜丘、武蔵野女子学院、千代田女学園など）、あるいは、上位コースを新設する佼成学園や、既存コースのうち上位コースの拡大（安田学園、成立学園、関東第一、保善、豊島学院、大森学園、朋優学院、自由ヶ丘学園）という施策をとるところもあります。

　なお、高校募集の増加策として共学化があり、２０１５年も東洋大京北（京北）、三田国際学園（戸板女子）、叡明（小松原）などがあります。また、かえつ有明は高校募集自体を再開しました。

　じつはこう書いていくとかなりの学校数です。どこがどうなったのか長期にフォローしていないとわかりにくいですね。そうかと思えば２０１６年には東京学園が学校形態を全面的に変える形になり従来の東京学園は募集停止となります。また、千葉の東邦大東邦も完全中高一貫化で高校募集は停止します。まったくうかうかしていられません。

「私立は高校から」の考え方が多いのに支援はできていない

　考え方としては、「費用の心配をあまりせずに公私の選択ができる高校からの進学」に、中位所得層がシフトしている大きな流れがあります。

　中位所得層の所得が低くなっているため中学からの私立進学は経済的に難しく「私立に行くなら高校から」にならざるをえず、かつ高校からなら家庭で私学就学支援の給付金が出ることで、公立か私立かの選択が、あまり費用を考えず、これまでより比較的容易になったからですね。

　ただ率直に言って、お金のある人は中高一貫の中等教育機関を選んでいるわけですから、親の年収差が子どもの教育に影を落としていることは否めません。

　従来は、公立中学があるのにわざわざ私立中学を選ぶのだから自己負担は当然だ、という受益者負担の考え方が支配していました。

　しかし、いまでは公立小学校と公立中学校との小中一貫化を進めようという現象も起こっています。

　そもそも公立中学での高校進路選択で、私立高校を進路指導されることが実際には少なく、そのほとんどは公立高進学を前提にしていることが、東京私立中学高等学校協会の公立中学校進路指導者へのアンケート実施の結果、明らかになっている、と聞きます。

　公立中学校で進学指導にあたる人員配置が予算の制約でできていない、費用の点で公立私立の差が大きかった従来の考え方から抜け出ていない、という事情が考えられます。

　確かに、これだけ私立高校にバラエティが出てくると、少し長期でウォッチしている進路指導者がいなければ、よくわからないでしょう。

　さらにこれから公立の小中一貫が進むと、私立選択は大きく後退することは想像に難《かた》くありません。

　そういう意味では、保護者が自衛し、経済的負担と学校の教育内容を天秤にかけて、より進路として適切なところはどこか、をよく考える必要があります。

　冒頭でみた通り、２０１５年の入試で、受け入れ増を考えている私立高校は、少なくありません。

　一方で、県立千葉では年収９１０万以下の中位所得者の子女はゼロなんだそうですね。

　これは上位校に進む生徒が所得上位層に占められる現状を最もよく表しています。私立中位校では中位所得者が多くなる実情がありますから、私立の就学支援金や県の給付金が相当手厚く手当てされ、公私の学校選択が費用の心配をせずにできるようにしなくては、貧富の差が将来にわたって固定され、社会は不平等度を増すことになってしまいます。この支給制度をいっそう充実していく必要があるでしょう。

　ともあれ、高校の選択幅は広がっていると考えて、よりよい選択を行ってください。

2015年度 都内私立高校の初年度納入金

私立高校を選択するとき、気にかかるのはその費用です。東京都生活文化局は昨年12月、東京都内の全日制私立高校の来春入学者向け（2015年度）の学費を集計し発表しました。ここでいう学費とは初年度納入金の総額で、入学金、1年間の授業料、施設費、その他の合計です。この欄では普通科についてまとめました。

初年度納入金の総額は平均1万円強のアップ

都内の私立高校232校（のべ272学科）を対象に調べたもので、このうち初年度（入学年度）納付金総額（以下、「初年度納付金」）の値上げをした学校は、57校（24・6％）、値下げをした学校は1校（0・4％）、据え置いた学校は174校（75・0％）でした。

初年度納付金の平均額は89万8785円で、前年度に比べて1万120円（1・1％）増加しました。

費目別では**【表1】**に示した通り、授業料は平均43万9071円で前年度比1・7％増。

入学金は平均24万9474円で前年度比0・5％の増、施設費は平均4万7824円で同4・3％の減などとなっています。

長期据え置き校もあれば値下げした学校もある

都内の私立高校には**【表2】**のように272学科がありますが、学費の推移を学科別に見ると据え置いた学科が206学科ありました。また、値下げをした学科が1学科あります。コースによって学費が異なる場合は、それぞれ1学科として計算しています。

初年度納付金総額を据え置いた学校は、24年連続の**頌英女子学院**　高校募集なし）をはじめ175校ありました（値下げ校を含む）。以下に据え置き期間が長い学校を並べてみます（〔　〕内は高校募集なし）。

①24年連続　1校　〔**頌栄女子学院**〕
②23年連続　4校　**鶴川**、**大東学園**、**帝京大学**、**錦城**
③22年連続　1校　**武蔵野**
④21年連続　1校　**錦城学園**
⑤20年連続　1校　〔**共立女子**〕
⑥19年連続　2校　**慶應女子**、**東京家政大女子**
⑦18年連続　2校　〔**和洋九段女子**〕、〔**大妻中野**〕
⑧17年連続　8校　（値下げの**瀧野川女子学園**を含む）
⑨16年連続　4校
⑩15年連続　4校
⑪14年連続　4校
⑫13年連続　11校
⑬12年連続　7校
⑭11年連続　9校
⑮10年連続　6校

【表１】都内私立高校納付金・各費目の平均額

	授業料	入学金	施設費	その他	初年度納付金（総額）	＜参考＞検定料
2015年度	439,071円	249,474円	47,824円	162,417円	898,785円	22,252円
2014年度	431,714円	248,351円	49,989円	158,611円	888,665円	22,141円
値上げ額	7,357円	1,123円	－2,165円	3,806円	10,120円	111円
値上げ率	1.7%	0.5%	－4.3%	2.4%	1.1%	0.5%

【表２】学科で見た都内私立高校学費の推移（値上げ率の内訳）

値上率	延べ計	5%以上	4%以上5%未満	3%以上4%未満	2%以上3%未満	1%以上2%未満	1%未満	値下げをした学科	据置いた学科	コース等新設	新設校・募集再開
学科数（2015年度）	272学科	14学科	２学科	４学科	13学科	20学科	10学科	１学科	206学科	１学科	１学科
		5.1%	0.7%	1.5%	4.8%	7.4%	3.7%	0.4%	75.7%	0.4%	0.4%

などとなっています。このほか、今年のみ据え置いた学校が24校ありました。

さて、初年度納付金総額の最高額は今年も**玉川学園**（普通科国際）の178万円、最低額は昨年までと同様、**東洋女子**で59万円でした。

全日制普通科に限ってみた場合の初年度納付金について、高い学校5校と安い学校5校を並べたのが**【表3】**です。

高い学校5校にはダブルディプロマコースを新設した**文化学園大杉並**が顔を出しました。安い学校5校では、昨年の**自由ヶ丘学園**に変わって**日本女子体育大二階堂**が再登場しています。

大学附属校は総じて学費が高い傾向に

普通科で初年度納入金が高い学校では、**【表3】**のほかに100万円を越える学校として、**【男子校】桐朋、明大中野、早大高等学院、【女子校】慶應女子、【共学校】青山学院、国際基督教大高、成蹊、中大杉並、中大附属、広尾学園**（医進サイエンスと同インターナショナルコース）、**明大明治、明大中野八王子、早稲田実業**などとなっています。

大学附属の学校が多いのがわかります。

任意だが寄付金や学校債を求める学校もある

このほか、入学時に任意の費用として寄付金や学校債を募集する学校があります。これらに応じないからといって合否や就学に影響があるわけではありません。

各学科で寄付金を募集する学校は84校、学校債を募集する学校は7校、合わせてのべ91校があります。このうち寄付金、学校債の両方を募集する学校は5校です。

募集額の平均は、寄付金で12万3988円、学校債は13万5714円ですが、ともに25万円を超えている学校もあります。

【表３】都内私立高校全日制普通科　初年度納付金が高い学校・安い学校

	高い学校		安い学校	
	金額	学校名	金額	学校名
初年度納付金（総額）	1,780,000円	玉川学園（国際）	590,000円	東洋女子
	1,446,000円	文化学園大杉並（ダブルディプロマ）	633,000円	鶴川
	1,290,000円	玉川学園（普通）	724,000円	国本女子
	1,230,000円	学習院高、立教池袋	724,800円	立川女子
	1,210,000円	成城学園	726,000円	日本女子体育大二階堂

公立高校 入試展望2015 ［千葉・埼玉編］

安田教育研究所 代表　安田 理

前号の神奈川の公立高校入試展望に続き、制度変更後5年目を迎える千葉と、入試機会一本化から4年目の埼玉の公立高校入試を展望します。千葉・埼玉とも制度変更から一定の年数を経て、変更は少なく安定した入試状況になりそうです。

【千葉県】

人口減で募集数は削減 千葉東の学校独自問題廃止

制度変更から5年目の千葉は、15年度は中学卒業予定者数が300人減り5万5330人になるため、公立高校の全日制で募集数を臨時で200人削減します。

毎年、臨時定員変動を実施する高校が複数あり、地域によって人口変動が違うので、増員校と減員校の両方があります。15年度の千葉県では5校が増員、9校が減員【表1】することになります。

学区ごとに見ると、5学区が**多古**、**東総工業**（電気）2校で減員、3、6、8学区は**柏の葉**、**九十九里**、**安房**で各1校の減員です。人口の多い1、2学区では増員校・減員校が各2校あり、**磯辺**、**泉**、**船橋二和**、**市川昴**で増員し、**若松**、**千葉商業**（商業）、**船橋啓明**、**松戸向陽**で減員、総数は同じ。4学区は**成田北**1校で増員し、減員校はありません。

2013年度から公立前期選抜は2月12・13日の2日間にわたって実施されています。

13日は都内の国立高校の入試日と重なるため、県内生は公立と都内国立の両方は受験できません。

12日は**青山学院**、**明大明治**、**明大中野**、**城北**、**國學院大久我山**などの入試日でもあるため、このような都内私立志望者も公立前期は受検できなくなります。

国立や日程の重なる都内私立と県内公立との両方を志望校候補として考えている上位生であれば、**渋谷教育学園幕張**などの県内難関私立や、2月10日か11日が入試日の都内難関私立の合格を確保できれば、県内公立を欠席することも考えられるでしょう。

制度上の変更では、全校で提出が義務づけられていた志願理由書が各高校の裁量に委ねられます。15年度に提出が求められるのは20校42学科で、全体のおよそ6分の1にすぎません。また、前期合格内定者が提出する「入学確約書」の中学校長公印をなくし、保護者印のみとなります。業務の軽減を目的とした変更ですが、これによって前期合格内定者の辞退が増えるかもしれません。ただ、後期の募集数に影響するほどの変化にはいたらないでしょう。

千葉東が学校独自問題を廃止

現行制度の「前期選抜」は、制度変更以前には「特色化選抜」という名称で、各校がさまざまな選抜方式を実施していました。

その際、上位校を中心に多くの高校では学校独自問題を導入しており、新制度変更時に学校独自問題を実施した学校は４校ありましたが、14年度には1校に減少。

15年度は、唯一の実施校だった**千葉東**も学校独自問題を廃止します。学校独自問題は制度変更後5年目で姿を消すことになりました。

千葉東が実施してきた学校独自問題は応用中心で対策が必要とされていましたが、15年度からは学力検査は共通問題のみとなり、受検しやすくなるぶん、応募者を増やすのは確実でしょう。

各校が必要に応じて実施する検査は年々減少していて、よりシンプルな選抜スタイルに移行する傾向は今後も続きそうです。

県立船橋、東葛飾は定員数を維持

14年度の募集数変更校のうち、受検生の動向に影響を与えそうな難関校は含まれていません。

14年度の人口増に対応し募集数の臨時増で注目された**県立船橋**と**八千代**は15年度、募集数を元に戻さず増員を維持します。12年度に募集増後、14年度に募集数を元に戻した**東葛飾**、**千葉東**も変更しません。

現行制度が定着し、募集数の少ない後期の受検を回避する動きは年々減少。埼玉・神奈川で入試機会の一本化が進むなか、前・後期に分けての入試では倍率の高さがめだつものの後期の方が前期より実倍率が低い状況が続いています。

公立志望なら、すべり止め校として私立の合格を確保しておくことはもちろんですが、前期で不合格になっても諦めずに後期も受検する姿勢が大事でしょう。

[表1]千葉公立校　募集数増減一覧

○募集数を増やす高校

第1学区	磯辺、泉
第2学区	船橋二和、市川昴
第4学区	成田北

○募集数を減らす高校

第1学区	若松、千葉商業(商業)
第2学区	船橋啓明、松戸向陽
第3学区	柏の葉
第5学区	多古、東総工業(電気)
第6学区	九十九里
第8学区	安房

○前年に募集を増やしたまま、定員を減らさない高校

第1学区	千葉北、柏井、千葉工業(電気)
第2学区	船橋、八千代、船橋芝山、松戸国際、松戸馬橋、市川工業(電気)
第3学区	鎌ヶ谷西、沼南高柳、流山、流山おおたかの森、野田南、野田中央、我孫子東
第4学区	白井

【埼玉県】

一本化4年目で変化の少ない入試人気の格差が広がる

12年度から前期と後期の入試機会を一本化した埼玉では、13年度には初年度の1・15倍から1・17倍に上昇、その翌年にあたる14年度は1・18倍とわずかですが、２年連続で平均実倍率が上昇しました。

約４万７０００人が受検し約４万人が合格しましたが、約７０００人は不合格になっています。制度が定着しつつあるなか、人気校に受検生が集中する一方、定員割れ校も増え、人気の格差が広がっているようにもみえます。

15年度も公立希望者数はあまり変わらず、上位校人気は安定する一方で不人気校では定員割れになるところも出てきそうです。「どこでもいいから公立」ではなく、「難易度が同じで大学進学実績がよければ私立」も視野に入れる受験生の存在が、公立間の人気格差を生んでいるのでしょう。

15年度の中学卒業予定者数は２１７人減り、６万５５５７人になる見込みですが、公立全日制高校の募集数は３２０人減り３万９６８０人になります。中学卒業予定者数に対する募集数の割合は60・8%から60・5%にわずかながらダウンしました。

埼玉では３年連続で中学卒業予定者が減少するため、公立の募集数も３年続けての削減です。しかし、地域によって人口が増えているところもあります。千葉のような学区はないので、県内どこでも受検は可能ですが、地域ごとの人口変動に合わせ募集数も毎年細かく変更しています。

15年度は16校が募集数を削減、９校で募集数を増やします。

募集数削減校のうち、14年度の増員ぶんを元に戻すのが、**春日部**、**浦和西**、**入間向陽**、**狭山清陵**、**滑川総合**の5校。14年度の増員校９校の半数以上にあたります。

また、**大宮光陵**、**朝霞西**、**川口東**の３校は13年度に増員したぶんを２年ぶりに元に戻します。

いずれも人気がないので募集数を削減する、というより、臨時増員ぶ

んを元に戻す、という印象が強いと言っていいでしょう。

ただ、募集数が減り受検生数が減らなければ倍率は上昇します。高倍率を避けて志望校を変えるケースも考えられますが、**春日部**や**浦和西**といった人気校の場合、難度上昇の可能性もあり、注意が必要です。

県立川越、川越女子、蕨、市立浦和で募集増

14年度に増員したぶん、**春日部**と**浦和西**が1クラス削減する一方、**県立川越**、**川越女子**、**蕨**、**市立浦和**が1クラス増員します。**県立川越**、**川越女子**、**蕨**は12年度以来、3年ぶりの増員です。

13年度に増員した**県立浦和**、**浦和第一女子**もそうだったのですが、難関男子校の方が増員すると受検生が増え、実倍率が前年より高くなるケースが多く見られます。

似た現象が起これば、**県立川越**は倍率の上昇に注意が必要になり、**川越女子**の実倍率は例年並みに落ち着くことになりますが、結果はどうなることでしょうか。確実なのは、両校とも難度の高さはそう変わらないということでしょう。

市立浦和、**蕨**も人気が高いだけに増員で緩和するとは考えにくく、油断は禁物です。とくに**市立浦和**は毎年、希望調査でトップの高倍率になっていますが、10月の進路希望調査では**市立川越**に差をつけられ2位になっていました。あまりの人気に敬遠傾向が働いたのかもしれません。

調査時には定員が公表されていなかっただけに、再び人気上昇に転ずる可能性があります。注意が必要でしょう。

「中学校等卒業予定者の進路希望状況調査」の結果がまとまりました。中学校等卒業予定者総数は6万6030人で、前年比175人の減ですが、高等学校等進学希望者は6万3696人と、前年比で275人増えています。全日制高校希望は6万1411人で、前年比228人の増。

このうち県内公立高校希望が4万9999人で、前年比152人の増(75・7%)、県内私立高校希望が7939人で、前年比81人増(12・0%)となっています。

一方、県外高校希望は3273人で、前年から17人の減少です。

普通科について、「進路希望状況調査段階」での倍率が高い高校を【表2】にまとめておきます。

また、専門学科のうち普通科系のもので2倍以上の学校は、

・**大宮**　理数科　2・15倍
・**和光国際**　外国語科　2・09倍

の2校。

募集数を増やす高校(すべて40人増)は**県立川越**、**川越女子**、**市立浦和**、**蕨**、**市立大宮北**、**大宮東**、**越谷西**、**川口青陵**、**浦和商業**で、募集数を減らす高校(**市立大宮西**のみ00人減、ほかは40人減)が**春日部**、**浦和西**、**松山**、**大宮光陵**、**市立大宮西**、**朝霞西**、**入間向陽**、**川口東**、**狭山清陵**、**北本**、**児玉**、**市立川口総合**、**滑川総合**、**進修館**(総合)、**白岡**(情報コミュニケーション)、**羽生実業**(情報処理)。前年に募集を増やしたまま、定員を減らさない高校が**越谷南**、**草加**、**大宮南**、**川口**となっています。

[表2]埼玉公立校　普通科の倍率が高い高校

順位	学校名	倍率
1	市立川越	3.59
2	市立浦和	2.93
3	市立大宮西	2.58
4	越ヶ谷	2.52
5	川越南	2.33
6	上尾	2.29
6	浦和西	2.29
8	所沢北	2.23
9	蕨	2.22
10	市立浦和南	2.13

ご提案型の教育旅行会社って？

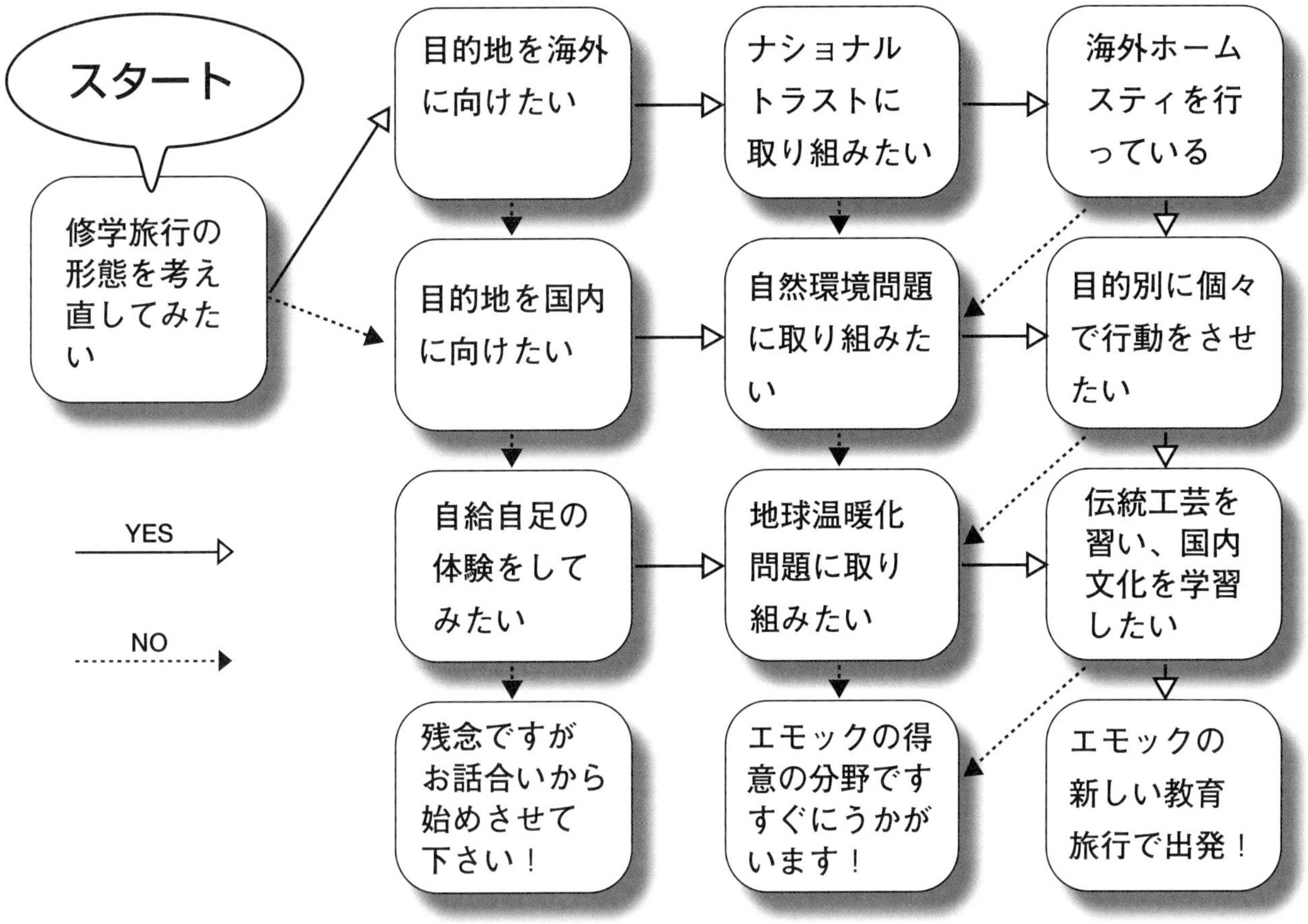

従来の名所旧跡を訪ねる修学旅行から、最近ではさまざまなテーマを生徒個々または小グループごとにコンセプトメークしひとつの社会貢献の一環として、位置づける学習旅行へと形態移行しつつあります。

小社では国内及び海外の各種特殊業界視察旅行を長年の経験と実績で培い、これらのノウハウを学校教育の現場で取り入れていただき、保護者、先生、生徒と一体化した旅行づくりを行っております。

一例

- 海、山、川の動物、小動物の生態系研究
- 春の田植えと秋の収穫体験、自給自足のキャンプ
- 生ごみ処理、生活廃水、産業廃棄物、地球温暖化などの環境問題研究
- ナショナルトラスト（環境保全施設、自然環境、道の駅、ウォーキング）
- 語学研修（ホームスティ、ドミトリー、チューター付研修）など

[取扱旅行代理店] **（株）エモック・エンタープライズ**

担当：山本／半田

国土交通大臣登録旅行業第1144号
東京都港区西新橋1-19-3　第２双葉ビル２階
E-mail:amok-enterprise@amok.co.jp

日本旅行業協会正会員（JATA）
☎ 03-3507-9777（代）
URL:http://www.amok.co.jp/

高校入試の
基礎知識

公立高校受検 最後の最後のアドバイス

公立高校の入試まであと少しとなりました。今回は、間近に迫る学力検査までにやっておくべきことについて「最後の最後のアドバイス」をお送りします。いまから、これまでと変わったことをやろうと考えるよりも、これまで学んできたことの延長線上で、いまできることを考えて、しっかりとラストスパートしましょう。

首都圏公立高校の学力検査が近づいてきました。最も早い千葉・前期選抜（2月12日・13日）までは1カ月を切っています。最も遅い埼玉の学力検査（3月2日）まででも1カ月半です。

その日まで、焦ることなく「入試、どーんとこい」「どんな問題が出てくるのかワクワクする」といった心持ちで、その日を迎える方がいい結果が待っています。そんな気持ちを抱けるようになるためにも、これからの短い期間、次のようなことに気をつけながら過ごしましょう。

最後に力を入れるべきは社会と理科

公立高校の入試は5教科で行われます。そのうち国語、数学、英語は、学びの積み重ねを段階的に進めることが重要な教科です。

例えば数学では、まず、正の数・負の数の計算と文字式の計算をやりましたよね。そして、関数と図形に関する基礎的、基本的な力をつけてきました。入試では関数と図形が複合した問題など、数学の総合的な力量が問われます。関数については方程式の力も必要です。つまり、積み重ねてきたことすべてを総動員して挑まなければならない教科です。

英語も同じです。英単語や文法の知識の積み重ねがなければ、入試問題の柱である長文読解や英作文の問題には歯が立ちません。

国語にしても、積み重ねが大切な教科ですから漢字の暗記などは別にして、これからの時間、少し力を入れたからといって、そう簡単には入試に直結する力はつきません。

一方、社会や理科は積み重ねで力がついていく教科ではありません。段階的に理解していく要素は少ない教科といってよいでしょう。

安土・桃山時代の知識は、ヨーロッパの地理にはあまり関係ありませんし、細胞の仕組みが理解できたから、天体や電気がわかるというものではないでしょう。個々に学んでいくものなのです。

ですから、入試まであと少しというこの時期は、社会や理科といったいわゆる暗記教科中心に勉強する方が得策です。

また、受検生のほとんどは私立高校と併願しています。私立高校は3教科入試です。ですから、どの受検

生もこの国語・数学・英語の3教科に力を入れて勉強を続けてきました。

　ということは、学力が似通った生徒が受ける公立志望校の入試では、国語・数学・英語ではあまり差はつかないと考えた方がいいのです。つまり、合否を分けるのは社会、理科の得点なのです。

入試本番で どう答案を作るか

　さて、これからの短い時間、取り組むべき作業は、やはり過去問攻略です。「えっ、過去問はもう全部終わっちゃったよ」という人は、進学塾の先生と相談して、同じような傾向の出題をする他校の問題を解いてみましょう。

　また、これから入試当日までの過去問の解き方は、入試本番の答案をどう作るかを意識した「答案作り」の演習と考えて行います。つまり、ただ問題を解くのではなく、どう採点してもらうかを意識するのです。

　そのポイントをお話しします。

●数学は途中の計算式が重要

　数学では「途中の計算式をすべて丁寧に書く」ことが重要です。

　「残り時間が気になって途中式は書かなかった」という受検生は、最後に見直したときにも計算ミスに気づくわけがありません。焦って解いているときほど、計算ミスは出ます。

　入試では、多少時間のロスはあったとしても、正解を導くことがすべてです。

●選択問題を解くコツとは

　選択問題を解く際にもコツがあります。選択問題の場合、4択または5択という場合が多く、見れば見るほど迷ってしまう、ということも起きます。

　選択問題では、まず「これは明らかに間違っている」という選択肢を消してしまうのです。問題を読んですぐに正答がわからなくとも、選択肢を絞っていけば、正解が見えてきます。選択肢を減らし、しっかりと考えて、自分でも根拠を説明できる選択肢を選びましょう。

●長文のアンダーライン作戦

　国語や英語の長文では、重要な箇所にアンダーラインを引くことが、入試本番では非常に重要です。

　入試ではかなり緊張もします。長文を読んだときに普段なら頭に入ることも本番ではなかなかうまくいきません。

　これは、いわゆる「焦った」状態です。こうなると、設問を読んだときに、あわてて長文を見返しても、その設問に見合う部分がどこにあるのかが、わからなくなってしまうのです。

　先に設問を確認してから、長文を読み、重要と思われる部分にアンダーラインを引いておけば、設問を考えるとき、問題の長文のどの部分を読めばよいのかがすぐわかります。

埼玉受検生は必見の情報

　埼玉県教委は12月、近づく2015年度の公立高校入試の採点に関して、「採点する側」の採点原則を公表した。

　受検生にとっても重要なポイントとなるので、頭に入れておいた方がいいだろう。とくに下記「3」の原則は見逃せない。

◇

埼玉県公立高校入試の学力検査
「採点に関する原則」

　この「採点に関する原則」は、受検者のいろいろな解答を予想して、採点する場合の基準を示したものである。

　採点は次の1～5及び各教科の「採点の手引」によるものとする。

(編集部注・「採点の手引」は例年入試後の3月初旬に正答とともに公表される)

1　問題のねらっていることが、理解されているとはっきり判断できるものは、正答とする。

2　各教科の「採点の手引」の「採点上の注意」に「部分点を認める」と示した問題以外の問題についても、各学校の裁量で部分点を認めてもよい。

3　次のような場合は、各学校の裁量により正答と認めて差し支えない。なお、正答と認めず減点する場合は、上記1の趣旨を踏まえ、過度な減点は行わない。

(1)「ひらがな」で書くべきところを、「かたかな」で書いた場合。

(2)「かたかな」で書くべきところを、「ひらがな」で書いた場合。

(3)漢字で書けるところを、「ひらがな」等で書いた場合。

(4)文字そのものの正確さを問う問題を除いて、文字についての若干の誤りや不正確な点のある場合。

4　上記3以外で、指示に反した答え方をした解答や判読に苦しむような解答は、正答と認めない。

5　各教科の「採点の手引」に示したもの以外の正答も予想されるので、十分留意する。

(埼玉県教育委員会HPより)

12月号の答えと解説

問題　マスターワード

？に入る文字を推理するパズルです。☆は？に入る文字が使われていますが、入る位置が違うことを表しています。☆１個は１文字です。★は入る位置も正しく使われています。また、単語は、ＢＯＯＫやＥＶＥＲＹのように、同じ文字が含まれていることはありません。

【例】 次の ？？？ に当てはまる3文字の英単語を答えなさい。

？？？

①	CAT	☆☆
②	EAT	☆☆
③	SEA	☆☆
④	USE	★

【解き方】

③と④を比べると、Ａが使われていて、Ｕは使われていないことがわかり、さらに②、③から、Ａは１文字目です。

次に、④でＳが使われているとすると、Ｅは使われていないことになり、②からＴが使われていることになります。ところが、④からＳは２文字目の位置になるため、Ｔの位置が①、②と矛盾します。

よって、④ではＥは使われていることになり、②からＴが使われていないことになります。こうして推理を進めていくと **？？？** は“ＡＣＥ”ということがわかります。

それでは、この要領で次の問題を考えてみましょう。

【問題】 次の ？？？？？ に当てはまる５文字の英単語はなんでしょう

？？？？？

①	TRUCK	★★☆
②	FORTY	★☆☆
③	QUITE	☆☆☆
④	APRIL	★☆
⑤	KNIFE	☆☆

※ヒント：②と③を比べると、使われているアルファベットが絞られます。

解答　FRUIT

解説

②と③を比べると、Ｔのみが共通です。

もし、Ｔが使われていないとすると、②でＦ、Ｏ、Ｒ、Ｙのなかから３文字、③でＱ、Ｕ、Ｉ、Ｅのなかから３文字が使われていることになり、５文字をオーバーします。

よって、Ｔは使われていることになり、また、②でＦ、Ｏ、Ｒ、Ｙのなかから２文字、③でＱ、Ｕ、Ｉ、Ｅのなかから２文字が使われていることになります。

したがって、Ｔ、Ｆ、Ｏ、Ｒ、Ｙ、Ｑ、Ｕ、Ｉ、Ｅ以外の文字は使われていないことがわかります（左の表を参照）。

A	B	C	D	E	**F**	G	H	**I**	J
K	L	M	N	O	P	Q	**R**	S	**T**
U	V	W	X	Y	Z				

よって、①で使われている文字はＴ、Ｒ、Ｕに決まり、④ではＲ、Ｉに決まります。

すると、③で使われている文字がＩ、Ｔ、Ｕ、に決まるので、Ｅ、Ｑは使われていません。よって、⑤で使われている文字はＦ、Ｉに決まります。

以上より、問題の単語は、Ｆ、Ｉ、Ｒ、Ｔ、Ｕの５文字でできていることがわかります。

②と③を比べて、Ｔは４番目ではないことがわかります。

もし、②でＲが３番目であるとすると、①で位置の正しい文字が２個になりません。

よって、②からＦが１番目、①からＲが２番目、Ｕが３番目と決まります。

したがって、④からＩが４番目なので、問題の単語は「ＦＲＵＩＴ」と決まります。

中学生のための

学習パズル

今月号の問題

漢字ボナンザグラム

空いているマスに漢字を入れて三字熟語と四字熟語を完成させてください。ただし、同じ番号のマスには同じ漢字が入ります。最後に□に入る四字熟語を答えてください。

[7][13][10][9]	[2][8][3]省	唯[14][12]二	[3]可[9]	[14][7][8]
有[10][12][11]	[8][11][12]根	[5][8][5]難	[5][13]語	[6]談[13]
[1]月[2]形	[1][9][1][9]	軍[4]主[13]	[11]物[7]	[10][2]芸
[14][6][14]短	[14]心[3]乱	[3]老[6]寿	外[4][2]	[7][5]数
広[7][12]辺	[13]理[2]情	戦[4][7][10]	四[9][1]裂	

【チェック表】

1	2	3	4	5	6	7
8	9	10	11	12	13	14

12月号学習パズル当選者

全正解者28名

小山　　薫さん（千葉県千葉市・中3）
大鹿　一輝さん（東京都目黒区・中2）
平野美智子さん（東京都千代田区・中2）

応募方法

●必須記入事項

01　クイズの答え
02　住所
03　氏名（フリガナ）
04　学年
05　年齢
06　右のアンケート解答
展覧会（詳細は73ページ）の招待券をご希望の方は、「○○（展覧会の名前）招待券希望」と明記してください。

◎すべての項目にお答えのうえ、ご応募ください。
◎ハガキ・ＦＡＸ・e-mailのいずれかでご応募ください。
◎正解者のなかから抽選で３名の方に図書カードをプレゼントいたします。
◎当選者の発表は本誌2015年４月号誌上の予定です。

●下記のアンケートにお答えください。

A今月号でおもしろかった記事とその理由
B今後、特集してほしい企画
C今後、取り上げてほしい高校など
Dその他、本誌をお読みになっての感想

◆2015年2月15日（当日消印有効）

◆あて先

〒101-0047　東京都千代田区内神田2-4-2
グローバル教育出版　サクセス編集室
FAX：03-5939-6014
e-mail:success15@g-ap.com

狭《さ》山《やま》ヶ《が》丘《おか》高等学校

問題

次の各英文の［　　］に入れるのに最も適切なものを次の中から選びなさい。

1 I met a girl ［　　］ hair was long.
①whose ②who ③whom ④which

2 He lost his watch, and he bought a new ［　　］.
①one ②it ③that ④those

3 Hurry up, ［　　］ you will miss the train.
①and ②so ③then ④or

4 Mrs. Leanne has been sick ［　　］ last Saturday.
①from ②since ③for ④ago

5 Every ［　　］ ［　　］open.
①window ②windows ③is ④are

解答 1.① 2.① 3.④ 4.② 5.①③

- 埼玉県入間市下藤沢981
- 西武池袋線「武蔵藤沢駅」徒歩13分、西武新宿線「狭山市駅」「入曽駅」・JR八高線「箱根ヶ崎駅」・JR埼京線・東武東上線「川越駅」スクールバス
- 04-2962-3844
- http://www.sayamagaoka-h.ed.jp/

入試日程

推薦入試
　専願　1月22日（木）
　併願①　1月23日（金）
　併願②　1月24日（土）
一般入試
　専願・併願　2月5日（木）

大《だい》東《とう》文《ぶん》化《か》大《だい》学《がく》第《だい》一《いち》高等学校

問題

AB＝6、AC＝8、∠A＝90°の直角三角形ABCに円Oが内接している。3辺BC、CA、ABと円Oの接点をそれぞれD、E、Fとする。次の問いに答えよ。

(1) 円Oの半径を求めよ。

(2) EFの長さを求めよ。

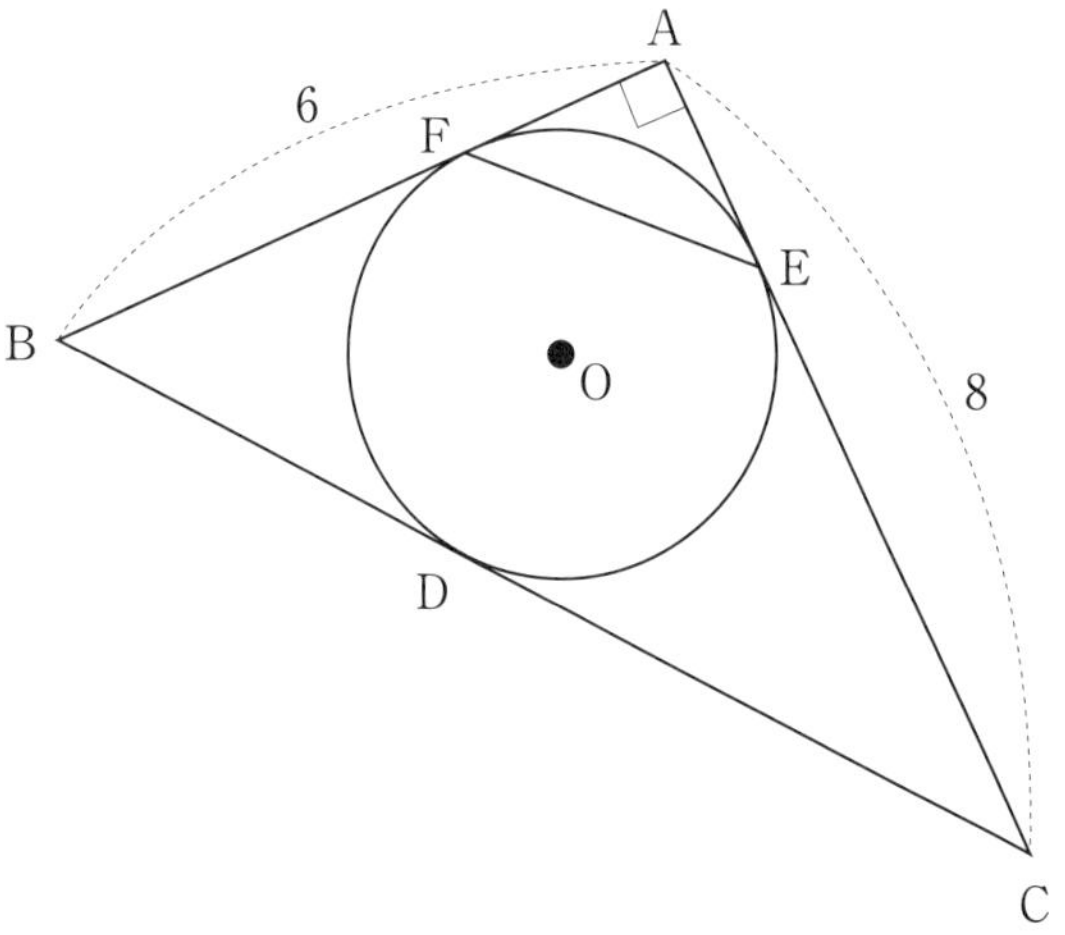

解答 (1) 2 (2) $2\sqrt{2}$

- 東京都板橋区高島平1-9-1
- 都営三田線「西台駅」徒歩10分、東武東上線「東武練馬駅」徒歩20分またはスクールバス
- 03-3935-1115
- http://www.daito.ac.jp/ichiko/

個別相談会 ※要電話予約

3月3日（火）まで随時実施

入試日程

推薦入試　1月22日（木）
一般入試　2月10日（火）
　　　　　2月11日（水祝）
二次募集　3月4日（水）
　　　　　3月12日（木）

私立高校の入試問題

工《こう》学《がく》院《いん》大《だい》学《がく》附《ふ》属《ぞく》高等学校

■東京都八王子市中野町2647-2
■JR中央線ほか「八王子駅」、京王線「北野駅」、JR青梅線ほか・西武線「拝島駅」スクールバス
■042-628-4911
■http://www.js.kogakuin.ac.jp/

入試日程

帰国生入試　1月11日（日）
推薦入試　1月22日（木）
一般入試
　第1回　2月10日（火）
　第2回　2月12日（木）

問題

2つの放物線 $y=ax^2$ と $y=-x^2$ および直線 $y=x$ がある。原点をOとするとき，次の問いに答えなさい。

(1) 放物線 $y=-x^2$ と直線 $y=x$ の交点のうち，原点O以外の交点の座標を求めなさい。

(2) 放物線 $y=ax^2$ と直線 $y=x$ の交点のうち，原点O以外の交点を点A（2，2）とする。このとき，a の値を求めなさい。

(3) (2) のとき，2つの放物線上のどちらかに点B，C，Dをとる。点Bの y 座標は点Aと同じであり，点Cの x 座標は点Bと同じであり，点Dの y 座標は点Cと同じである。このとき，長方形ABCDの面積を求めなさい。

(4) (3) のとき，線分ADと x 軸との交点をEとする。△OAEの面積をS，△ODEの面積をTとするとき，S：Tの比を最も簡単な整数の比で求めなさい。

解答　(1)（−1，−1）　(2) $a=\frac{1}{2}$　(3) 24　(4) 1：2

駒《こま》込《ごめ》高等学校

■東京都文京区千駄木5-6-25
■地下鉄南北線「本駒込駅」徒歩5分、地下鉄千代田線「千駄木駅」・都営三田線「白山駅」徒歩7分
■03-3828-4141
■http://www.komagome.ed.jp/
詳しい解説はこちらに掲載されています。

入試日程

推薦入試
　推薦Ⅰ（単願）　1月22日（木）
　推薦Ⅱ（併願）
　　第1回　1月22日（木）
　　第2回　1月23日（金）
一般入試
　併願優遇　第1回　2月10日（火）
　　　　　　第2回　2月11日（水祝）
　一般　第1回　2月10日（火）
　　　　第2回　2月11日（水祝）

問題

問1　次の各文の（　）に入る最も適当なものを選び、番号で答えなさい。

1．He was（　）everyone.
　1. laughed at　2. laughed at by　3. laughed by　4. laughed by at

2．This hat is too big. Show me（　）.
　1. other　2. another　3. it　4. one

3．I thought there would be a large audience, but（　）people came to the concert.
　1. many　2. much　3. few　4. little

問2　日本文の意味に合うように（　）に1つずつ入れて英文を完成しなさい。ただし、不要な選択肢が1つずつ含まれています。

1．この川はどれくらい長いのかしら。
（　　）（　　）（　　）（　　）（　　）（　　）.
1. this river　2. far　3. is　4. long　5. wonder　6. I　7 .how

2．公園のそばに立つ建物は学校です。
（　　）（　　）（　　）（　　）（　　）（　　）（　　）.
1. standing　2. stands　3. which　4. the park　5. the building　6. is　7. by
8. a school

解答　問1　1.2　2.2　3.3　問2　1.6-5-7-4-1-3　2.5-3-2-7-4-6-8　※詳しい解説は駒込学園HPに掲載されています。

お便りコーナー

サクセス広場

2014年 一番嬉しかったこと

修学旅行で念願の**金閣寺**を見られたことです。想像以上の輝きでびっくりしました。
(中3・カープファンさん)

年の離れた**妹が生まれました。**もうすっごくかわいくて、勉強そっちのけで面倒みています。
(中1・シスコンさん)

抽選で**お菓子が当たった**こと！　当たらないかな〜と思いながら応募したらすごい量が当たっててびっくりした！
(中3・STAP細胞さん)

大好きな**幼なじみ12人でディズニーランドに行った**こと！　友だちとディズニー初めてだったから、すっごく楽しかった♪
(中2・さんちゃメンバーさん)

定期テストで**学年1位**を取ったこと。来年も取り続けるぞ！
(中1・バラモスが大好きさん)

数日間**家出をしていたネコ**が無事に帰ってきて、めちゃくちゃ嬉しかったしホッとしました。
(中3・迷いネコさん)

バスケットボール部が**地区大会で優勝**したこと！　部活動はつらいことばかりだと思っていたけど、その気持ちが一気に吹き飛びました。これからも頑張ります！
(中2・ダムダムさん)

2015年 絶対やりたいこと

小説を読むのがすごく好きなので、**自分でも書いてみたい**と思っています。
(中1・東野圭吾はいいさん)

生徒会長になりたい！　ぼくの通う中学校は生徒会活動がすごく活発で、毎年何人か立候補者がいるので、選挙活動も頑張って、激戦を勝ち抜いてみせます！
(中2・ボスさん)

1年間で**本を80冊読む**ことです。中学3年間で200冊読破するのが目標で、まだ60冊しか読んでいないので、これからどんどん読んでいきたいです。
(中1・図書委員さん)

ゲームをしながらオールナイト！　受験終わったらだけど！
(中3・ユツキさん)

自転車の旅。マウンテンバイクを買ってもらったので、遠出がしたいです！
(中1・チャリダーさん)

お正月の楽しみ

やっぱり**お年玉**でしょ！　中学生になったから金額がアップしてるはず。張り切って親戚巡りします！
(中1・I.I.さん)

おせち料理ですね。友だちと話していると、ウチは結構豪華というか、色々入っているみたいで。今年も楽しみ！
(中3・黒豆バンザイ！　さん)

毎年恒例の**いとこたちとのゲーム大会！**　色々なゲームで順位を競って、1番の人はお年玉を多めにもらえるので、みんな真剣です。
(中1・お年玉ハンターさん)

初詣でおみくじをひくのが楽しみです。今年は小吉だったから、今度こそ大吉がいい！
(中2・大吉希望さん)

「**箱根駅伝**を見ないと新年は始まらない！」って祖父が言っていて、そのせいか、ぼくも箱根駅伝は毎年楽しく見ています。
(中2・山の神降臨さん)

必須記入事項

A／テーマ、その理由　B／住所　C／氏名
D／学年　E／ご意見、ご感想など

ハガキ、FAX、メールを下記までどしどしお寄せください!
住所・氏名は正しく書いてください!!
ペンネームは氏名のうしろに(　)で書いてネ!
【例】サク山太郎(サクちゃん)

あて先

〒101-0047　東京都千代田区内神田2-4-2
グローバル教育出版　サクセス編集室
FAX:03-5939-6014
e-mail:success15@g-ap.com

募集中のテーマ

「私の周りのすごい人」
「早起きのコツを教えて」
「1年で一番楽しみな行事」

応募〆切 2015年2月15日

ケータイ・スマホから上のQRコードを読み取り、メールすることもできます。

掲載された方には抽選で図書カードをお届けします!

掲載にあたり一部文章を整理することもございます。個人情報については、図書カードのお届けにのみ使用し、その他の目的では使用いたしません。

Art

新印象派 ―光と色のドラマ

1月24日（土）～3月29日（日）
東京都美術館企画展示室

アンリ＝エドモン・クロス《地中海のほとり》1895年 油彩、カンヴァス 65.5×93㎝ 個人蔵 ©Steven Tucker

「新印象派」展の招待券を5組10名様にプレゼントします。応募方法は69ページを参照。

新印象派絵画から学ぶ色彩表現の変化の軌跡

目に映るままに光と色彩を絵画に描こうと試みた「印象派」。その後、光と色の表現活動は光学や色彩理論を用いてさらに発展し、「新印象派」と呼ばれるようになる。この展覧会では、モネ、スーラ、シニャック、マティスなど、世界中から集められた約100点の多彩な作品を通して、「新印象派」の色彩表現の軌跡を鑑賞することができる。あふれる色彩のなかで、光と色のドラマを感じてほしい。

Event

しもきた天狗まつり

1月30日（金）～2月1日（日）
下北沢一番街商店街

下北沢の街に天狗が現れる!!

毎年節分の時期に行われ、下北沢の街が熱気に包まれる「しもきた天狗まつり」。とくに2日目の、大天狗・烏天狗を中心に山伏・福男・福女が下北沢の商店街を福豆をまきながら練り歩く「天下一天狗道中」が大人気だ。「鬼は外」と言わず、「福はうち」を3回唱える特徴的な豆のまき方は、福に満たされると鬼はおのずから退散するという考えからで、明るく前向きな気分になれる楽しいお祭だ。

Art

花と鳥の万華鏡 ―春草・御舟の花、栖鳳・松篁の鳥―

2月11日（水・祝）～4月12日（日）
山種美術館

小林古径《白華小禽》1935（昭和10）年 絹本・彩色 山種美術館

「花と鳥の万華鏡」展の招待券を5組10名様にプレゼントします。応募方法は69ページを参照。

愛らしく、優美な「花」と「鳥」の姿

2月から山種美術館で始まる展覧会では、春を先取りしたような生命の優美さと華やかさを堪能できる。テーマは、古来から自然の美しさの象徴として親しまれ、描かれ続けてきた花と鳥。明治以降の日本画を中心に紹介され、出品予定作品には、菱田春草《ひしだしゅんそう》や速水御舟《はやみぎょしゅう》、竹内栖鳳《たけうちせいほう》、上村松篁《うえむらしょうこう》など、花鳥画に定評のある巨匠たちが名を連ねている豪華な内容だ。花と鳥の万華鏡が広がる展覧会にぜひ足を運んでみてほしい。

サクセス イベントスケジュール 1月～2月

世間で注目のイベントを紹介

バレンタインデー

2月14日といえば、女性が好きな男性にチョコレートを贈る日、バレンタインデー。ローマ帝国時代のヴァレンタインというキリスト教の聖職者が殉教した日に由来する記念日だが、チョコレートを贈るという風習は日本で独自に発展した文化だという。なにはともあれ、チョコレート好きにはたまらないイベントだ。

Event

東京タワー 節分追儺式と豆まき

2月3日（火）
東京タワー 大展望台2階

©TOKYO TOWER

※写真は昨年度のイメージです

東京タワーの豆まきは地上150mの展望台で

東京タワーの高さ150mにある大展望台で節分の豆まきが毎年行われているのを知っているかな。観光名所のイベントごとと思って侮るなかれ、増上寺から訪れた僧侶による追儺式《ついなしき》（鬼払いの儀式のこと）が実施される本格的なものだ。東京の景色を一望しながら豆まきができるなんて、珍しいよね。また、恵方巻の販売もあるので、眼下に広がる恵方の景色を見ながら丸かぶり、なんてこともできるよ。

※本年度の内容は変更する場合があります

Exhibition

特別展 デミタス コスモス 宝石のきらめき★カップ&ソーサー

2月7日（土）～4月5日（日）
三井記念美術館

マイセン 上絵金彩貼花鳥蓋付カップ&ソーサー 1880－1900年

「デミタス コスモス」展の招待券を5組10名様にプレゼントします。応募方法は69ページを参照。

小さなデミタスに凝縮された美の世界

デミタスというのは、エスプレッソなどの濃いコーヒーを飲むための小さなカップのこと。家族にコーヒー好きがいるなら、みんなの家にもあるかもしれない。この展覧会は18～20世紀初頭のヨーロッパの名窯で作られた作品を中心に、約300点の美しいデミタスを紹介している。手の平におさまるくらいの小さな器なのに、形や装飾はさまざま。実用品ながら、ため息が出るほどの美しさと魅力にあふれている。

Exhibition

東京駅100年の記憶

12月13日（土）～3月1日（日）
東京ステーションギャラリー

《東京名所 東京停車場之前景》1920年 東京ステーションギャラリー蔵

開業から100年東京駅の歴史

2014年（平成26年）12月に開業100周年を迎えた東京駅。その2年前に保存・復原工事が完成して話題になった赤レンガの駅舎は、まさに東京の玄関と呼ぶにふさわしい威風堂々としたたたずまいだ。そんな東京駅のなかにある東京ステーションギャラリーでは、東京駅の開業から100年間について、近代建築史や絵画、写真、文学などのさまざまな視点と多様な資料により紹介する特別展が開催されている。

Success15 Back Number

2015 1月号

学年別
冬休みの過ごし方
パワースポットで合格祈願

SCHOOL EXPRESS
慶應義塾湘南藤沢

Focus on
千葉県立千葉東

2014 12月号

いまから知ろう！
首都圏難関私立大学
スキマ時間の使い方

SCHOOL EXPRESS
明治大学付属明治

Focus on
埼玉県立川越

2014 11月号

過去問演習
5つのポイント
本気で使える文房具

SCHOOL EXPRESS
立教新座

Focus on
神奈川県立柏陽

2014 10月号

大学生の先輩に聞く
2学期から伸びる勉強のコツ
「ディベート」の魅力とは

SCHOOL EXPRESS
筑波大学附属駒場

Focus on
千葉県立薬園台

2014 9月号

こんなに楽しい！
高校の体育祭・文化祭
英語でことわざ

SCHOOL EXPRESS
渋谷教育学園幕張

Focus on
東京都立国分寺

2014 8月号

2014年
夏休み徹底活用術
夏バテしない身体作り

SCHOOL EXPRESS
市川

Focus on
埼玉県立川越女子

2014 7月号

イチから考える
志望校の選び方
日本全国なんでもベスト3

SCHOOL EXPRESS
筑波大学附属

Focus on
東京都立三田

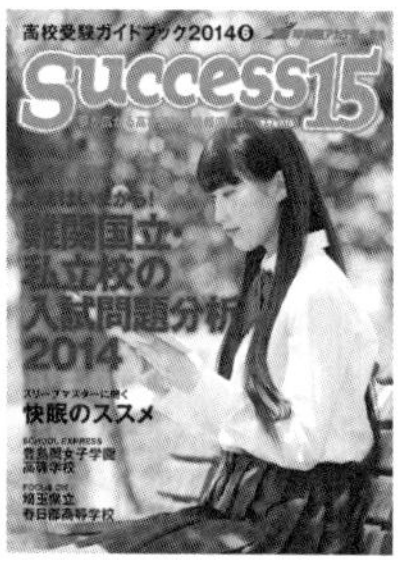

2014 6月号

難関国立・私立校の
入試問題分析2014
快眠のススメ

SCHOOL EXPRESS
豊島岡女子学園

Focus on
埼玉県立春日部

2014 5月号

先輩に聞く!!
難関校合格への軌跡
高校図書館&オススメ本

SCHOOL EXPRESS
お茶の水女子大学附属

Focus on
神奈川県立厚木

2014 4月号

勉強も部活動も頑張りたいキミに
両立のコツ 教えます
水族館・動物園などのガイドツアー

SCHOOL EXPRESS
慶應義塾

Focus on
東京都立駒場

2014 3月号

どんなことをしているの？
高校生の個人研究・卒業論文
理系知識を活かしたコンテスト

SCHOOL EXPRESS
東京学芸大学附属

Focus on
千葉県立船橋

2014 2月号

勉強から不安解消まで
先輩たちの受験直前体験談
合格祈願グッズ

SCHOOL EXPRESS
開成

Focus on
千葉県立千葉

2014 1月号

冬休みの勉強法
和田式ケアレスミス撃退法
直前期の健康維持法

SCHOOL EXPRESS
早稲田大学本庄高等学院

Focus on
埼玉県立大宮

2013 12月号

東京大学ってこんなところ
東大のいろは
「ゆる体操」でリラックス

SCHOOL EXPRESS
早稲田大学高等学院

Focus on
埼玉県立浦和第一女子

2013 11月号

教えて大学博士！
なりたい職業から学部を考える
学校カフェテリアへようこそ

SCHOOL EXPRESS
慶應義塾志木

Focus on
千葉県立東葛飾

2013 10月号

模試を有効活用して
合格を勝ち取る！
中1・中2 英・国・数

SCHOOL EXPRESS
桐朋

Focus on
神奈川県立川和

2013 9月号

SSHの魅力に迫る！
東京歴史探訪

SCHOOL EXPRESS
法政大学第二

Focus on
東京都立立川

これより前のバックナンバーはホームページでご覧いただけます（http://success.waseda-ac.net/）

サクセス15 バックナンバー 好評発売中！

How to order バックナンバーのお求めは

バックナンバーのご注文は電話・FAX・ホームページにてお受けしております。詳しくは80ページの「information」をご覧ください。

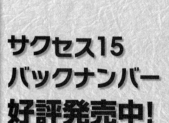

＜コーナー名＞

＜本文中記事＞

“個別指導”だからできること × “早稲アカ”だからできること

- 難関校にも対応できる
- 弱点科目を集中的に学習できる
- 最終授業が20時から受けられる
- 早稲アカのカリキュラムで学習できる

広がる早稲田アカデミー個別指導ネットワーク

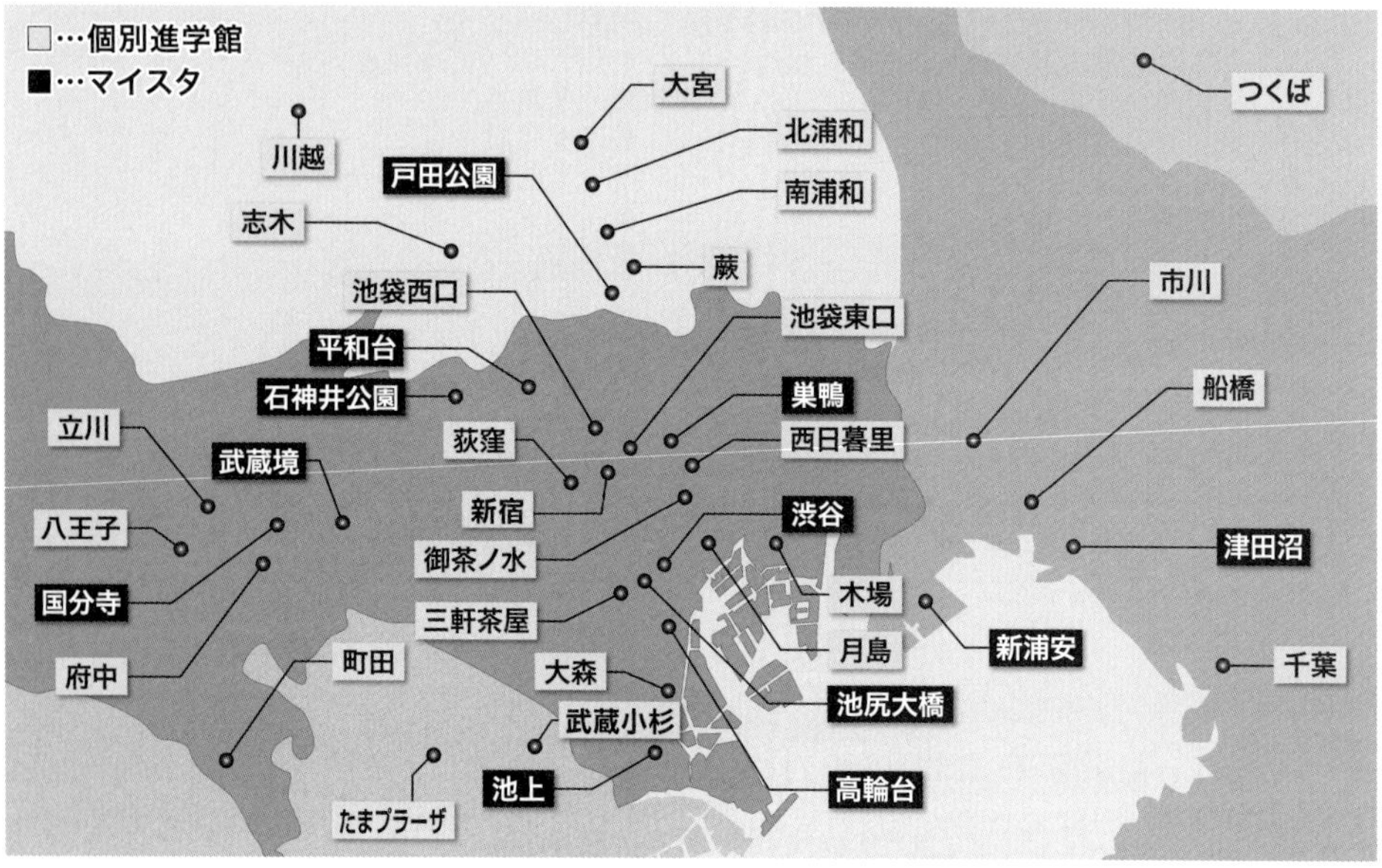

マイスタは2001年に池尻大橋教室・戸田公園教室の2校でスタートし、個別進学館は2010年の志木校の1校でスタートした、早稲田アカデミーの個別指導ブランドです。お子様の状況に応じて受講時間・受講科目が選べます。また、早稲田アカデミーの個別指導なので、集団授業と同内容を個別指導で受講することができます。マイスタは1授業80分で1:1または1:2の指導形式です。個別進学館は1授業90分で指導形式は1:2となっています。カリキュラムなどはお子様の学習状況、志望校などにより異なってきます。お気軽にお近くの教室・校舎にお問い合わせください。

悩んでいます… 中1

本格的な部活動に取り組んでいて、近くの早稲アカに通いたいのにどうしても曜日が合いません。

解決します!

週1日からでも、英語・数学を中心に、早稲アカのカリキュラムに完全に準拠した形での学習が可能です。早稲アカに通う中1生と同じテストも受験できるので、成績の動向を正確に把握したり、競争意識を高められるのも大きな魅力です。

悩んでいます… 中2

受験学年直前！未消化の単元もあるのに、新出単元も難しくて不安です…

解決します!

中２のこの時期、どの科目も新出単元が難しいものが多くなってきます。個別進学館では、早稲アカのカリキュラムを個別にカスタマイズし、一人ひとりに合わせた授業を行います。未定着の単元を残さず、受験学年を迎えましょう！

悩んでいます… 中1 中2

自分で学習をすすめています。個別指導では分からないところだけ質問したいのですが可能ですか？

解決します!

可能です。個別進学館では学習カリキュラムを個別に作成しますので、質問対応をメインとしたカリキュラムを作成することもできます。もちろん、学習状況に応じたテキスト・テストの提案も行います。まずはご相談下さい。

新規開校 早稲田アカデミー 個別進学館 **新宿校・たまプラーザ校** **新入塾生受付中!**

小・中・高 全学年対応/難関受験・個別指導・人材育成

早稲田アカデミー個別進学館

WASEDA ACADEMY KOBETSU SCHOOL

お問い合わせ・お申し込みは最寄りの個別進学館各校舎までお気軽に!

池袋西口校 03-5992-5901	池袋東口校 03-3971-1611	大森校 03-5746-3377	荻窪校 03-3220-0611	御茶ノ水校 03-3259-8411	木場校 03-6458-5153
三軒茶屋校 03-5779-8678	新宿校 03-3370-2911	立川校 042-548-0788	月島校 03-3531-3860	西日暮里校 03-3802-1101	八王子校 042-642-8867
府中校 042-314-1222	町田校 042-720-4331	たまプラーザ校 045-901-9101	武蔵小杉校 044-739-3557	大宮校 048-650-7225	川越校 049-277-5143
北浦和校 048-822-6801	志木校 048-485-6520	南浦和校 048-882-5721	蕨 校 048-444-3355	市川校 047-303-3739	千葉校 043-302-5811
船橋校 047-411-1099	つくば校 029-855-2660				

MYSTA

早稲田アカデミー 個別指導マイスタ

お問い合わせ・お申し込みは最寄りのMYSTA各教室までお気軽に!

渋谷教室 03-3409-2311	池尻大橋教室 03-3485-8111	高輪台教室 03-3443-4781
池上教室 03-3751-2141	巣鴨教室 03-5394-2911	平和台教室 03-5399-0811
石神井公園教室 03-3997-9011	武蔵境教室 0422-33-6311	国分寺教室 042-328-6711
戸田公園教室 048-432-7651	新浦安教室 047-355-4711	津田沼教室 047-474-5021

～サクセス18のご紹介～

サクセス18は早稲田アカデミーが創った現役生難関大受験専門塾です。

難関大に現役合格！サクセス18はここが違う!!

サクセス18 ここが違う！

進学塾 早稲アカスタイルの継続

大手予備校にはないキメ細やかさ

サクセス18は開成・慶女・早慶高校合格者数全国No.1（2014年当社調べ）の進学塾早稲田アカデミーの大学受験部門です。「本気でやる子を育てる」という教育理念に基づき、「私語のない緊張感のある授業」「少人数制で発問重視の授業スタイル」「復習型の丁寧な講義」など早稲田アカデミーが創立以来進学実績を伸ばし続けてきたエッセンスを継承しています。更に少人数クラスのライブ授業で競争原理の働く環境を維持しながら、現役高校生に特化したきめ細やかな指導で「普通の学力の生徒」を憧れの難関大学現役合格へと導きます。

	早稲田アカデミー サクセス18	他の塾・予備校
合格率	**高い合格率！難関大合格も夢じゃない！** 東大合格率48%※は一般合格率の約34%と比べて極めて高い数字。また早慶上智大の在籍約1,150名から530名合格も業界内では際立った合格率です。※東大必勝コース受講者の2014年入試結果より	在籍者数を公表していない場合がほとんどで、実際の合格率が不明な塾・予備校が多い。また合格率を公表している場合も極めて限定された母集団のみ公開されており、全体像が見えないことも多い。
1クラスの人数	**ちょうど良い人数だから学力が伸びる！** 先生が生徒の顔・名前・志望校・成績などをしっかり把握でき、楽しく競争できるちょうど良い人数で授業します。（1クラス平均15名程度）	「少人数」と謳いながら実際は50名程度の人数で授業が行われ、少人数制のメリットを活せないようなケースが見受けられる。
授業・講師の特色	**参加型授業！先生にどんどん質問できる！** 発問や演習を織り交ぜる参加型授業で皆さんを授業に引き込みます。また先生と生徒の距離が非常に近いので、わからない点は気兼ねなく質問できます。授業では「わかる」はもちろん「解ける」力を身に付けます。	高校生の場合に授業中の私語はまれだが、居眠りをしている生徒や携帯電話を操作している生徒も特に注意することなく、講師が一方的に予定の講義を進めていく形式が多い。
やる気明るさ	**やる気が出るから学力が伸びる！** 生徒のやる気を引き出すことを重要視しており、各種テストの成績優秀者の掲示、講師からの声掛け、授業内でのコメント等を総合的に活用し、楽しく競いあえる雰囲気を演出し、生徒のやる気を引き出します。また明るいあいさつも特徴です。	やる気を引き出すことを重視し、システムに組み入れている塾はあまり見受けられない。
学習管理と進路指導	**勉強から進路まで担当の先生が面倒を見ます！** 学習管理、進路指導は実際に授業を担当している講師が行う。これによって、一人ひとりの学力特性を把握した、奥の深い学習管理（指示）や進路指導が可能となり、高い合格率を生む一因となっています。	授業担当と進路指導担当が分かれている塾・予備校が多い。従って、生徒一人ひとりの特徴や性格などを進路指導に活かせないことがある。

サクセス18 ここが違う！

高1からはじめれば早慶上智大合格へ！

早稲田アカデミーなら夢がかなう！

やる気を引き出す授業、夢を同じくする仲間と競い合いお互いを高める環境、全スタッフが生徒一人ひとりの個性を理解し、適切な学習法をアドバイスする指導。早稲田アカデミーなら、このシステムがあるから、始めたときには東大や早慶上智大は夢や憧れでしかない学力でも大きく伸びて第一志望に現役合格できるのです。

昨年比アップ!! **東京大学63名合格！**

過去最高数更新!! **早慶上智大530名合格！**

高い合格率 27% 2014年早稲アカ合格率 22%・22% **GMARCH理科大655名合格！**

早稲田232名合格

慶應145名合格

上智153名合格

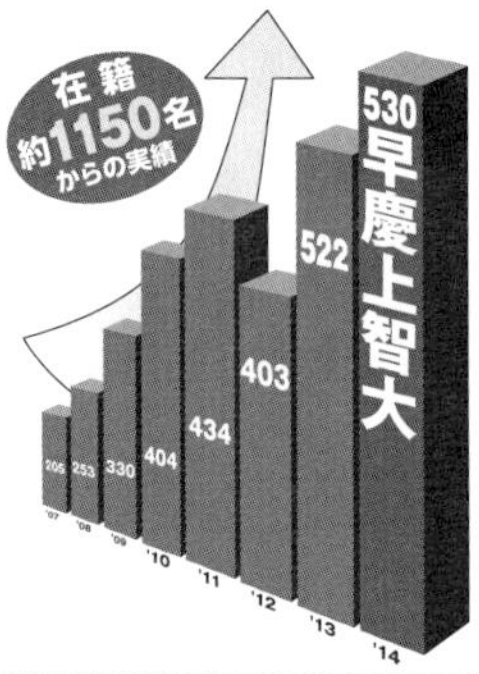

新規開校 ▶▶▶ 現役生難関大受験専門塾サクセスエイティーン SUCCESS18 たまプラーザ校

本気、現役合格 早稲田アカデミー

現役生難関大受験専門塾サクセスエイティーン **SUCCESS18**

大学受験部

早稲田アカデミー 検索

「高校生コース」をクリック！

☎03(5954)3581(代)

http://www.waseda-ac.co.jp

池袋校
御茶ノ水校
渋谷校
[illegible]
荻窪校
国分寺校
調布校
たまプラーザ校
新百合ヶ丘校
大宮校
所沢校
志木校

高1～高3
（中1～中3 中高一貫校在籍）
新入塾生受付中！

医歯薬専門予備校45年の伝統と実績

医学部完全合格68名!!

全26大学 **志望校別完全対策** 開講中!! 高3対象

説明会・選抜試験 **医学部必勝講座 2/8㊐** 高1・2対象

EDICAL WIN 志望校対策の仕上げを個別指導で！

医学部専門個別指導

春期講習 3/18㊌～ 新高1生無料!!

早稲田アカデミー教育グループ

医歯薬専門予備校

野田クルゼ

〈御茶ノ水〉

資料請求・お問い合わせ・各種お申し込みはお気軽にこちらへ

現役校 Tel 03-3233-6911(代) Fax 03-3233-6922 受付時間13:00～22:00

本校 Tel 03-3233-7311(代) Fax 03-3233-7312 受付時間9:00～18:00

野田クルゼの最新情報はホームページでもご確認いただけます。 野田クルゼ 検索

Success15 2月号

編集後記

あけましておめでとうございます。新しい年がやってきました。みなさんにとって2015年はどのような年になるのでしょう。私は毎年いつのまにか1年が経ったように感じているので、日々勉強や部活動に励んでいるみなさんを見習って、2015年は小さな目標を立てながら過ごそうと考えています。例えば、読書月間、掃除月間、料理月間など、月ごとに頑張る項目を決めて、達成感を感じながら1年間を過ごしたいと思っています。受験生は入試が目前に迫っていますね。4月からは楽しい高校生活が待っていますので、最後まで頑張ってください！　中1・中2のみなさんにとっても素敵な1年になるように祈っています。　(S)

Next Issue 3月号は…

Special 1

高大連携教育について知ろう

Special 2

宇宙ってどんなところ?

School Express

国際基督教大学高等学校

Focus on 公立高校

茨城県立土浦第一高等学校

※特集内容および掲載校は変更されることがあります

サクセス編集室お問い合わせ先

TEL 03-5939-7928
FAX 03-5939-6014

高校受験ガイドブック2015 2 サクセス15

発行　2015年1月15日　初版第一刷発行
発行所　株式会社グローバル教育出版
〒101-0047 東京都千代田区内神田2-4-2
TEL　03-3253-5944
FAX　03-3253-5945
http://success.waseda-ac.net
e-mail　success15@g-ap.com
郵便振替　00130-3-779535
編集　サクセス編集室
編集協力　株式会社 早稲田アカデミー

Information

『サクセス15』は全国の書店にてお買い求めいただけますが、万が一、書店店頭に見当たらない場合は、書店にてご注文いただくか、弊社販売部、もしくはホームページ（左記）よりご注文ください。送料弊社負担にてお送りします。定期購読をご希望いただく場合も、上記と同様の方法でご連絡ください。

Opinion, Impression & etc

本誌をお読みになられてのご感想・ご意見・ご提言などがありましたら、ぜひ当編集室までお声をお寄せください。また、「こんな記事が読みたい」というご要望や、「こういうときはどうしたらいいの」といったご質問などもお待ちしております。今後の参考にさせていただきますので、よろしくお願いいたします。